## 基礎・基本

# 「計算力」がつく本

## 小学校1・2・3年生版

［学力の基礎をきたえどの子も伸ばす研究会＝学力研］常任委員
神戸市立横尾小学校教諭
**深沢英雄** 著



高文研

基礎・基本

# 「計算力」がつく本

小学校1・2・3年生版

## もくじ

# もくじ



**⚜は「基礎計算プリント」です。**

## はじめに

4月に新しいクラスを受け持って、算数の授業をすると何人かが「えー、算数苦手や」と言います。算数はいやだというのが、頭にこびりついているようなのです。その子たちの算数の力を見てみると、決まって計算が遅く、不確実なのです。

私が小学校に赴任して、最初に受け持ったのが3年生でした。1978年のことです。

その前年、中学校で1年生の数学を担当していました。小学校の計算力テストをしたことがありました。すると、小学校3、4年生の問題から間違いが多くなり、2年生のかけ算九九もあやうい生徒がいました。

しかしその生徒に、適切な指導をすれば、基礎的な計算力は回復することも、中学の経験でわかりました。逆に、意識的な練習がなければ、授業だけでは、基礎的な計算力の定着はできないことも、1年間の経験で痛感していました。何とか小学生の間に、基礎的な計算力をどの子にもつけてやりたいというのが、はじめて小学校の教壇に立った時の私の気持ちでした。

3年生に1、2年生の計算問題をやらせました。九九が半分できてない子が数人いました。どの先生も九九は、2年生の最重要教材と考えて一生懸命教えているのです。そして、多くの子が九九を一応覚えて、2年生を終了するのです。

それでもできない子がいるのです。いくつか原因がありますが、その1つが「魔の春休み」です。春休みで練習しない時間があることです。

◆

私のクラスに山口さんという女の子がいました。色の白いおとなしい子です。本を読ませても、後ろにすわっている子には聞きとれないほどの声です。九九も半分ほどしか覚えていません。

学年当初に「3年生になって」という作文を書かせたのですが、山口さんはその中で「わたしは、さんすうがとくいです。とくにたしざんが、すきです。いま、れんしゅうしている九九もがんばりたいです」と書いていたのです。九九の苦手な山口さんは、算数がきっときらいなんだと単純に考えていた、自分の思慮の浅さを思い知らされました。

子どもの気持ちの奥底にある、学習に対する気持ちと、挑戦しようとする心の奥を読み取れていなかったのです。山口さんは本書で詳述している百ます計算を使って、毎日九九の練習をしていきました。

教室の後ろには、百ます計算を練習するたびに、1ますずつ色をぬる表を作っていました。全部ぬると魚の絵になります。山口さんが放課後にその表を見て、「先生、もうすぐお魚完成するね」と。「そうだね」というと、にっこり笑いました。

◆

「低学力」の子は、多くの場合算数ができません。その中でも計算です。計算の力は、練習する努力にほぼ比例して、成績があがります。やればできるという思いが、実績の裏付けをともなって、自信と誇りと喜びをもたらします。集中力、持続力もその過程で、おのずと強められていきます。

小学校1、2、3年生では、計算の基礎がすべて出てきます。この時に基礎計算を習得・習熟させることが、大きな課題です。

そのための教材と指導法を紹介します。本書の実践で「先生、計算ができるようになったよ」という、はじけるような笑顔が教室にあふれることを願っています。

深沢 英雄

# 「計算力」をつける意義

勉強がきらいという子に、「どの教科がきらい」と聞くと、「算数」と返ってくることが多いです。算数は、むずかしい・できないと思いこんでいるような子もいます。数字アレルギーといってもよいでしょう。でも、算数はそんなにむずかしい教科なのでしょうか。

小学校の算数は、特別な数学的思考力を必要とする問題はありません。字が読めて、垂直・平行・平均などの算数用語を正しく理解し、文章題の文意を正しくつかむことができれば、決してむずかしい教科ではありません。

常に答えはただ１つしかないという、比較的単純な問題ばかりです。他の教科に比べれば、逆に一番やさしい教科なのです。ただし計算が、なかば自動的にできるまでになっていないと、算数は途方もなくめんどうな教科になってしまいます。

算数ぎらいの子どもたちに、たし算・ひき算・かけ算・わり算の基礎計算をやらせてみると、低学年の問題でつまずいているのです。きちんとできる子もいますが、とてつもなく時間がかかる子もいるのです。高学年になると、よくできる子とできない子の差がかなり開いています。たし算100問を速い子は、１分台前半にできてしまいます。算数の苦手な子は、10分、15分とかかるのです。計算力の差は驚くほどの差が生じてきています。

「低学力」の子は勉強が大きらいです。でも、やればできる力をもっています。ただやらなかっただけです。20分間、集中して学習を続けたことがない、わからない、できない、「だから、ぼくはあほや」と信じこんでいます。

その思いを払拭し、比較的短期間に学力を回復させるためには、計算練習は最適です。原理は簡単。操作も容易。成績は練習量に比例してのびます。やったかいがあるのです。

いったん体化した計算力は、かなり長期間やらずにいても、ほんの少しの再練習で元にもどります。自分はけっして頭が悪くないという自信ができる、計算練習はすてきな勉強です。そう、そして計算力は算数の力の「要」です。

## 計算力をつける3つの意味

１つは、計算練習で数感覚が育つこと。

数千という数を、子どもに認知させることはとても困難です。100までの数なら、絵に描いたり、物をならべたりして直観的につかむことができます。

おはじきを10個ずつのかたまりにして置き、それが10あれば100個だと理解します。しかし、1000をこす大きな数になると、おはじきや数え棒などをならべていくことは時間的にも、物理的にもむずかしいことです。

数感覚は、計算練習をする中で身についてくるものなのです。計算の技法を理解していく中で、数のしくみとか数感覚が育っていくのです。おおよその答えも、見当がつけられるようになります。

けたを間違えたとき、「なんか、おかしいぞ」と立ち止まり、もう一度計算したり、考え直したりするのです。さらに数量感覚が磨かれ、数量認識が的確になっていくのです。

2つ目は、自信が生まれること。

子どもが自分の努力によって、すべて正しい答えが書けるようになり、速く正確に計算ができたとき、ぼくもできる、わたしも続けてがんばったらこんなによくなったわ、という成果がはっきりと見えるのです。成績に自信がなく、自らに誇りをもてなかった「低学力児」の決定的な転換をもたらし、どの子も満足感や達成感をもつことができます。

計算をやりぬかせると、計算速度はきわだって上昇します。しかも集中力はめざましく発達します。それによって子どもは自信をもち、やればできるんだという、自らの能力に対する信頼をも抱くようになります。

計算が正しく速くできるように「厳しく鍛える」のは、決して子どもを計算マシーンにするためではありません。集中的な努力を一定期間持続させることで、自らへの誇りと自信を回復させるためです。持久力、耐忍性もうんとついてきます。

計算の力をのばすことは、学力全体を引き上げるうえで、牽引車としての機能を果たすものです。しかし計算ができることで、すぐに算数すべてができるようになるわけではありません。でも、努力してよくなったという実績は、子どもの自己運動能力に多大な自信をもたらすのです。

3点目は、計算練習で脳が活性化されること。

東北大学の川島隆太先生（脳科学）の研究では、コンピューターゲームをやっている大学生と、たし算をやっている大学生の脳を比べると、コンピューターゲームをやっている人の脳の方が活性化するだろうという予想だったが、コンピューターゲームをした大学生のグループはほとんど視覚野しか働かなかったそうですが、たし算グループは、計算をつかさどる左頭頂葉ばかりでなく、脳全体が活動したそうです。

川島先生は、著書『自分の脳を自分で育てる』の中で、以下のように述べています。

《筋肉が太くたくましくなると、大きな力を出すことができます。すると、いろいろなスポーツ競技が、じょうずにできるようになりますね。脳も、手足の筋肉も同じです。計算問題を解きつづけると、脳のいろいろな場所が活発に働くようになります。すると、脳のいろいろな場所がきたえられます。たくましい脳になると、脳をうまく使うことができて、いろいろなもっとむずかしい問題を解くときも、じょうずに解けるようになるのです。》

正しく、敏速に計算ができる力とは、数概念を操作したり、抽象的な思考をすすめて、数そのものの処理をイメージ化しながら、正しい答えを出していくことです。

計算という、事物の関係を処理する思考は、具体的・実際的なレベルの思考でなく、抽象的・概念的な思考が、かなり大きな比重をしめています。計算力がすぐれている子どもがかならずしも、抽象度の高い学習や、やや複雑な文章題が容易に解けるなんてことは、言えません。しかし計算のおぼつかない子にとって、概念を操作したり、抽象度の高い学習活動にすんなりと取り組むことは、むずかしいようです。

計算力をつけることは、抽象的・概念的思考力の基礎を発達させるために、軽視することのできない実践的意義があると、私は思います。

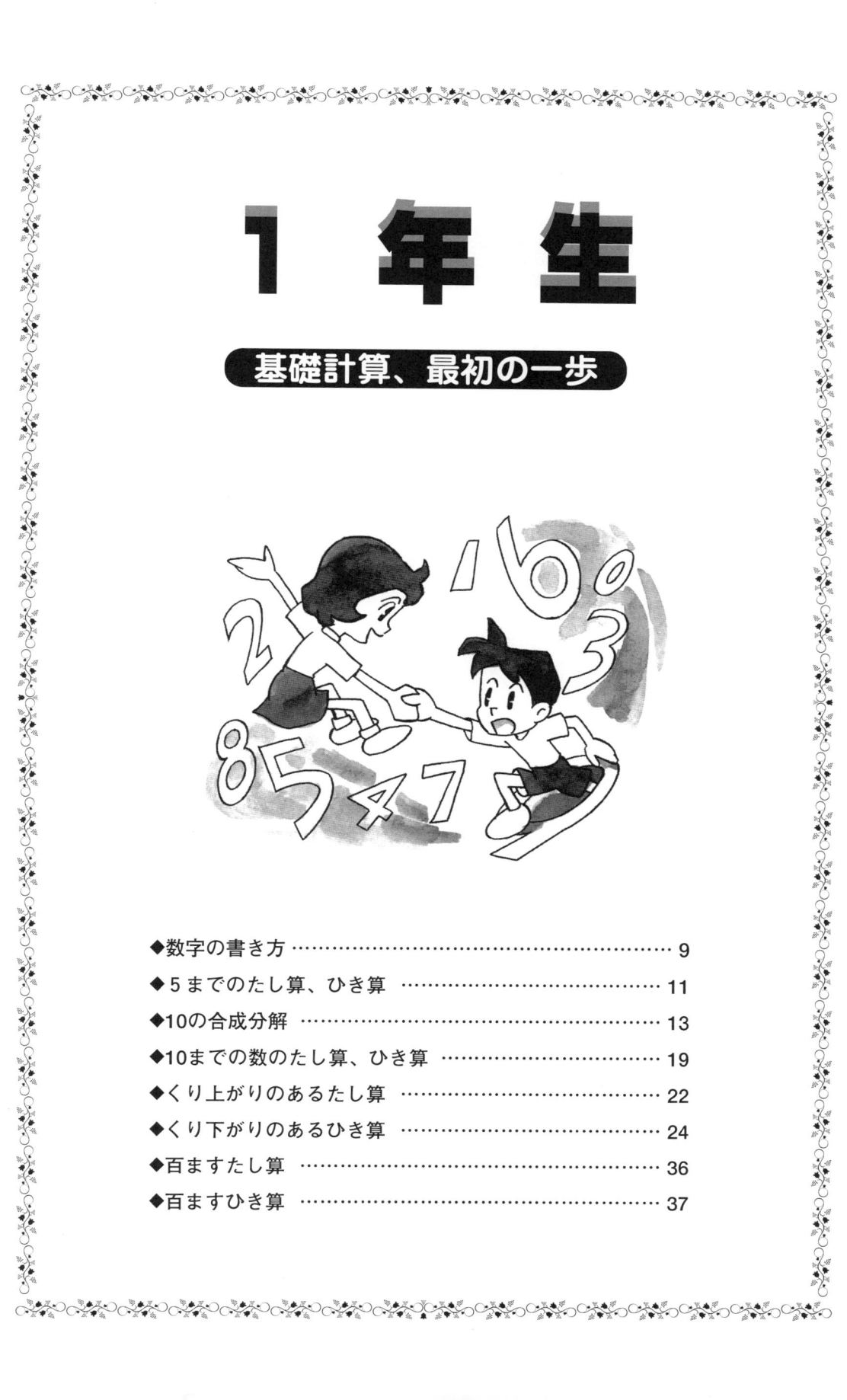

# 1 年 生

## 基礎計算、最初の一歩

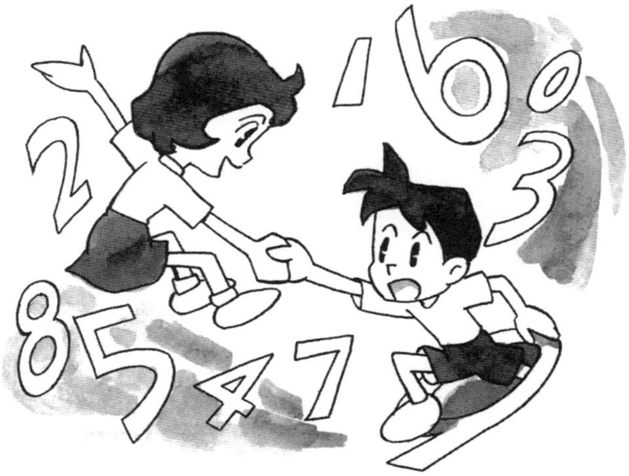

# ◈１年生の計算のポイント

## 1　10までの数の合成と分解

１年生では10までの数の範囲で、「物を使わないでその大小、順序、和、差を、数字を見ただけでわかる」ようにしなければなりません。つまり、数を数字で考えられるようになることです。

子どもたちの手のひらに１円玉を９個のせます。指で１円、２円と数える子は、まだ10までの合成・分解の理解が不十分な子です。即座に言える子は、９を５と４のかたまり、６と３と分解して考えています。分解した数の和を計算しているのです。10までの合成・分解はすべての算数の基礎・基本となるものです。ていねいにきちんと指導していくことが肝要です。

## 2　「くり上がりのあるたし算」「くり下がりのあるひき算」の理解と習熟

１年生の計算は、100までの数のたし算とひき算です。ただ計算ができればよいというだけでなく、計算の意味が理解できることが大切です。お金や小石などの具体物・おはじきやタイルなどの半具体物と数を結びつける指導や、日常の中で数式がどんな意味を持つのかの指導もしたいものです。

そしてくり上がり、くり下がりのある計算の理解は、「位取り概念」の獲得につながっていきます。

## 3　百ます計算(たし算、ひき算)が完成できる

計算は「わかる」→「できる」→「より速く、確実にできる」と指導が進みますが、その練習方法として最適なのが、「百ます計算」です。はじめは少ない「ます」からスタートします。子どもたちの様子に合わせて、だんだんに増やしていくのです。最初は、たてと横の関係を理解しにくい子も、少しずつ慣れてきます。

１年生の段階では、速さより確実さです。練習を積み重ねるなかで、スピードも自然とついてきます。

# 1. 数字の書き方

１年生では、まず数字の書き方が出てきます。高学年を受け持っていると、とんでもない数字の書き方をしている子によく出会います。

２を下から上に書きあげます。３も同じで、下から上に書く子もいます。４は先にたてを書いてそれから、「∠」を書く子もいるのです。

５は一筆書きで、右から左へそして、下に書き下ろしていきます。７も一筆書きが多いのです。８は、丸を２つつなげ合わせて書きます。９も連続して書かずに、丸を１が離れるように書いてしまう子もいます。

最初はどの先生も、ていねいに書き方を教えます。でも、子どもはそのうちに勝手書きをはじめるのです。子どもが定着するまで、きちんと筆順どおり書けているか、確認がおろそかになると、高学年になってもそのままおかしな筆順のままで、直りません。

10ページにあるプリントを使うとともに、ときどき全員の手をあげさせて、空中に数字を書かせて確認することも必要でしょう。教師が「イチ、ニ」とゆっくりと声に出して、数字を書かせます。

一斉に腕を動かすので、おかしな方向の子はすぐに分かります。

漢字の指導をするときによく使う方法です。

教師は鏡文字を書くのですが、左手を動かすと、書きやすくなります。練習方法としては、顔の前で、右手と左手を同時に動かします。右手は普通の数字を書きます。左手は、右手で書く数字と左右対称になるように、手を動かします。そうすると、子どもの側から見るとちょうど、正しい書き順で数字を書いているように見えるのです。

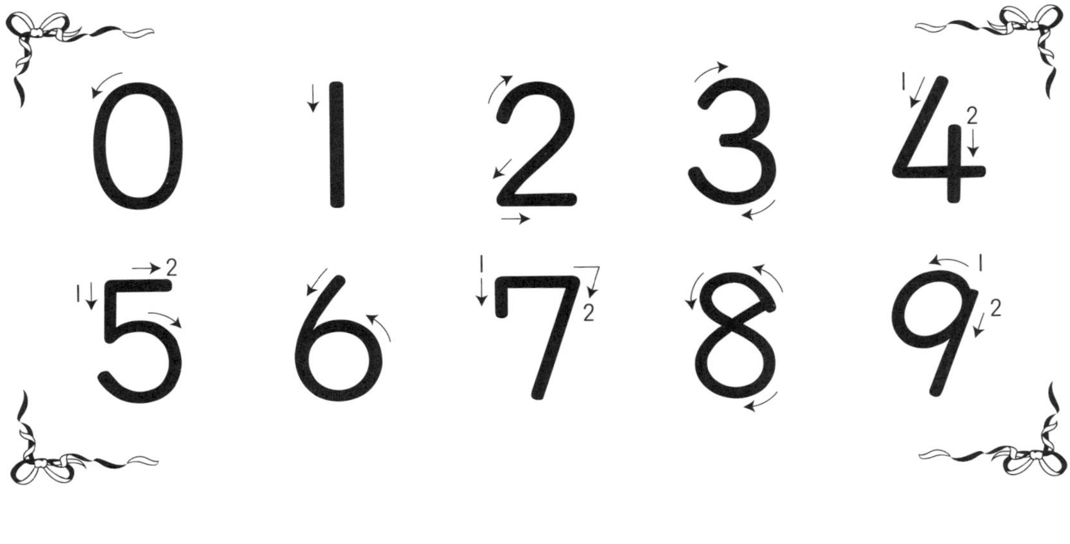

# すうじのけいこ

くみ

なまえ

| | | | | | | | | | |
|---|---|---|---|---|---|---|---|---|---|
| れい | 0 | 0 | 0 | 0 | | | | | |
| いち | 1 | 1 | 1 | 1 | | | | | |
| に | 2 | 2 | 2 | 2 | | | | | |
| さん | 3 | 3 | 3 | 3 | | | | | |
| し | 4 | 4 | 4 | 4 | | | | | |
| ご | 5 | 5 | 5 | 5 | | | | | |
| ろく | 6 | 6 | 6 | 6 | | | | | |
| しち | 7 | 7 | 7 | 7 | | | | | |
| はち | 8 | 8 | 8 | 8 | | | | | |
| く | 9 | 9 | 9 | 9 | | | | | |
| じゅう | 10 | 10 | 10 | 10 | | | | | |

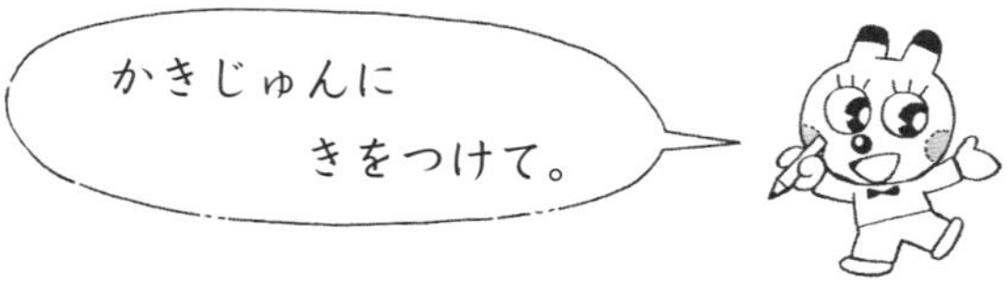

# 2. 5までのたし算、ひき算

最初の計算は「5までの加減算」です。これが、すべての計算の基礎になります。

数を指導するときの順序として、

①0から9までの数

②位取りの考え方（10をまとめにする）

③2けたの数

という順になります。

数は十進構造であるといわれますが、十進構造を支えているのは「5のかたまり」です。

## 指を味方に

人間は手にある指の数で、5という数字を身近に認識してきました。人間が数を獲得するうえで、指はとても重要な働きをしてきました。

最近「サルも5までは数える」ということがわかったようです。東北大学の丹治教授の研究によれば､サルも5まで数を数え、その際、大脳の頭頂葉《とうちょうよう》の一部にある、皮膚や筋肉などの感覚に関係する領域に近い特定の細胞が働いているようです。

このことでさらに、人間が「指折り数える」動作をする理由が合理的に説明されています。脳の中で、体の情報を密接に結びつけて具体的な数の情報を処理し、それに基づいてより高度で抽象的な情報をつくりだしていくと推定されています。そして、大きな数や暗算など抽象的な数を扱うのは、頭頂葉の「5野」と呼ばれる領域の細胞のさらに後方にある「7野」と推定されるそうです。

1年生を指導するときに、タイルやおはじきなど半具体物を使いはじめると、「指は使わない」と指導する場合があります。半具体物の操作を習熟させたいとか、指を使うといつまでも指で計算するという理由からでしょう。

でも、指はとても便利ですし、人類の発達の歴史や脳の構造からいうと、指を使うことで、人間は数を獲得してきたといえます。ある段階になると、答えがすぐに浮かぶようになります。習熟することで次のステップにいくことができるのでしょう。初期の段階は十分に指を使わせてもいいでしょう。そのうち、自然と指を使わなくなります。

指を使っている間は、まだ数えることが自分の体から離れていない、つまり抽象化されてないと考えられます。人類が具体から抽象にいくには、気が遠くなるような日数がかかっています。ですから1年生にとっては、とてもむずかしい課題なのです。

5までの指導を、ていねいにしていきたいものです。

## 具体物・半具体物を使って

おはじきや数え棒、ブロック、タイルなどの操作を取り入れて、ゆっくり楽しく十分に理解させることが大切です。14ページのプリントには、最初に絵、次にタイル、最後に数字と並べてあります。

プリントの前には、実物でやってみまし

ょう。ゲーム感覚でできます。まず、本物の10円玉を両手に５つ持ちます。そのあと、右手と左手に５つの10円玉を分けて持ちます。右手を最初にあけます。「２つです。左手は、いくつ？」と数あてをします。

子どもの喜ぶおもちゃでも最初はいいでしょう。となりの子どうしでやる場合は、算数セットに入っているお金やおはじきを使います。いろいろなものを使って「５はいくつといくつ？」の数あてをします。

半具体物としては、タイルが便利です。タイルの利点は、①くっつけたり、とったりする操作がしやすい②量がつかみやすい③位取りの指導などへの発展で有効——など、ほかのものにない便利な点があります。

## 5までの数のたし算

５までの数のたし算は下記のように、21通りです。型わけしてのせています。どこの計算でつまずくのかを判断する資料として使ってください。

0+0　0+1　0+2　0+3　0+4　0+5
1+0　1+1　1+2　1+3　1+4
2+0　2+1　2+2　2+3
3+0　3+1　3+2
4+0　4+1
5+0

| + | 0 | 1 | 2 | 3 | 4 | 5 |
|---|---|---|---|---|---|---|
| 0 | | | | | | |
| 1 | | | | | | |
| 2 | | | | | | |
| 3 | | | | | | |
| 4 | | | | | | |
| 5 | | | | | | |

## 5までの数のひき算

５までの数のひき算も、下の21通りです。

5−0　5−1　5−2　5−3　5−4　5−5
4−0　4−1　4−2　4−3　4−4
3−0　3−1　3−2　3−3
2−0　2−1　2−2
1−0　1−1
0−0

計算の上では、０をふくむ計算はやさしいのですが、０という概念が現実の場面でどんな時に使われるかを、知らせる必要があります。０という概念は、数学的にはとてもむずかしいものです。

私の経験では、金魚ばちと金魚で説明するとわかりやすいようです。

「金魚ばちに金魚を４匹入れておきます。２匹すくうと何匹残るでしょか」「２匹です」「また２匹すくうと？」「ない。ありません」「その時の金魚ばちの中の金魚の数を“れい”とよんで、０と書きます」と教えます。

０をいろいろな場面で使います。「ひく０」の場合は、「２匹いる金魚を一度にすくおうとして、紙がやぶれて、そのままで２匹のままだよ」と説明するのです。「無理をするからだ」と子どもは言います。だから計算では（2−0=2）となることが理解できます。

# 3. 10の合成分解

「1が10集まるとひとまとめにして、十の位の1つになる」

大人にとっては当たり前のことですが、子どもたちにとっては、なかなかむずかしいものです。しかし、子どもたちの身の回りには「10をひとまとめ」にしているものがたくさんあります。ていねいに指導して、十進構造のよさや便利さに気づいて、どの子も正しく理解できるようにしたいものです。

1．数多くのものを1つずつ数えてみる。

2．10のかたまりをつくると、数えなくても一目で数の大きさを知ることができる。

3．鉛筆などの具体物を10のかたまりにして、数の大きさを知る。

4．半具体物のおはじき・数え棒・タイルなどを使って、数を読みとったり、並べてみる。

5．数字を書いて、読む。

という段階をふんでいきます。

では、10の合成分解です。

10というのは

1と9、2と8、3と7、4と6、5と5、6と4、7と3、8と2、9と1

で合成されていることを、覚えさせなければなりません。

1の補数は9、2の補数は8を、しっかりと刻みつけることです。18ページのプリントにあるように、1と書いたとなりの枠に補数を書き込んでいくのです。

なお、補数とは、「自然数a，bについて、a＋b＝10の時、一方を他方の10に対する補数という」と定義されています。

# 5はいくつといくつ

くみ

なまえ

（1）□にあう　かずを　すうじでかきましょう。

① 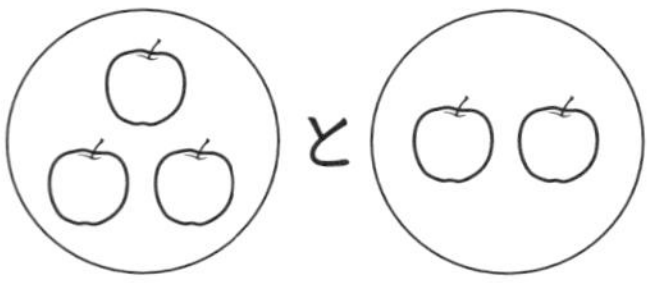 で □

② 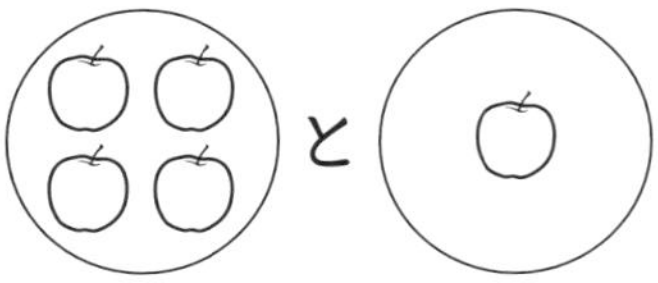 で □

③ 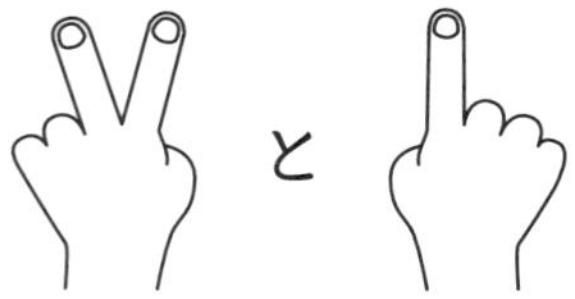 で □

④ 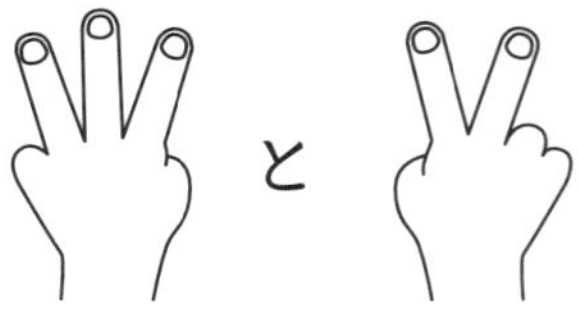 で □

（2）（　）にあう　かずを　すうじでかきましょう。

① ■■■■ は □ と □□□ ⟶ （　　）は（　　）と（　　）

② ■■■■■ は □□□ と □□ ⟶ （　　）は（　　）と（　　）

③ ■■■ は □□ と □ ⟶ （　　）は（　　）と（　　）

（3）あいている□に　あう　すうじを　かきましょう。

①

| 2 | |
|---|---|
| 4 | |

②

| | 2 |
|---|---|
| 3 | |

③

| 1 | |
|---|---|
| 5 | |

④

| | 1 |
|---|---|
| 2 | |

⑤

| 3 | |
|---|---|
| 5 | |

⑥

| 5 | |
|---|---|
| 1 | |

⑦

| 4 | |
|---|---|
| | 1 |

⑧

| 5 | |
|---|---|
| | 2 |

⑨

| 3 | |
|---|---|
| 3 | |

⑩

| 2 | |
|---|---|
| 0 | |

ゆびもつかっていいよ。

# 5までのたしざん

くみ

なまえ

（1）つぎの　たしざんをしましょう。

① 1＋0＝　⑥ 1＋1＝　⑪ 1＋2＝　⑯ 1＋3＝

② 1＋4＝　⑦ 2＋0＝　⑫ 2＋1＝　⑰ 2＋2＝

③ 2＋3＝　⑧ 3＋0＝　⑬ 3＋1＝　⑱ 3＋2＝

④ 4＋0＝　⑨ 4＋1＝　⑭ 5＋0＝　⑲ 0＋1＝

⑤ 0＋2＝　⑩ 0＋3＝　⑮ 0＋4＝　⑳ 0＋5＝

（2）つぎの　たしざんをしましょう。

① 4＋0＝　⑥ 2＋1＝　⑪ 0＋5＝　⑯ 2＋3＝

② 1＋3＝　⑦ 4＋1＝　⑫ 3＋1＝　⑰ 1＋4＝

③ 0＋2＝　⑧ 1＋1＝　⑬ 0＋4＝　⑱ 3＋2＝

④ 2＋2＝　⑨ 3＋0＝　⑭ 1＋0＝　⑲ 2＋0＝

⑤ 5＋0＝　⑩ 1＋2＝　⑮ 0＋3＝　⑳ 0＋1＝

（3）つぎの　えやタイルで　けいさんをしましょう。

①  →（　　）＋（　　）＝（　　）

②  →（　　）＋（　　）＝（　　）

このけいさんがだいじだよ。

# 5までのひきざん

くみ

なまえ

（1）つぎの　ひきざんをしましょう。

| | | | |
|---|---|---|---|
| ① 5－0＝ | ⑥ 5－1＝ | ⑪ 5－2＝ | ⑯ 5－3＝ |
| ② 5－4＝ | ⑦ 5－5＝ | ⑫ 4－0＝ | ⑰ 4－1＝ |
| ③ 4－2＝ | ⑧ 4－3＝ | ⑬ 4－4＝ | ⑱ 3－0＝ |
| ④ 3－1＝ | ⑨ 3－2＝ | ⑭ 3－3＝ | ⑲ 2－0＝ |
| ⑤ 2－1＝ | ⑩ 2－2＝ | ⑮ 1－0＝ | ⑳ 1－1＝ |

（2）つぎの　ひきざんをしましょう。

| | | | |
|---|---|---|---|
| ① 4－3＝ | ⑥ 3－3＝ | ⑪ 5－2＝ | ⑯ 3－1＝ |
| ② 1－1＝ | ⑦ 4－1＝ | ⑫ 2－1＝ | ⑰ 5－5＝ |
| ③ 3－0＝ | ⑧ 5－4＝ | ⑬ 4－0＝ | ⑱ 3－2＝ |
| ④ 5－0＝ | ⑨ 2－2＝ | ⑭ 4－4＝ | ⑲ 4－2＝ |
| ⑤ 5－3＝ | ⑩ 5－1＝ | ⑮ 1－0＝ | ⑳ 2－0＝ |

（3）つぎの　えやタイルで　けいさんをしましょう。

①  － 4 ⟶ （　　　）－ 4 ＝（　　　）

② 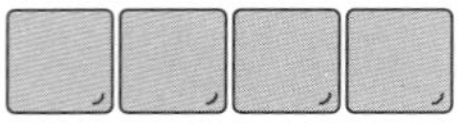 － 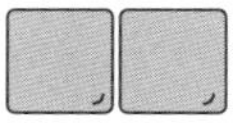 ⟶ （　　　）－（　　　）＝（　　　）

ひきざんはちょっとむずかしいね。

# 10はいくつといくつ①

くみ

なまえ

（1）たっているゆびのかずと　あといくつで　10になるでしょう。
□にこたえをかきましょう。

①

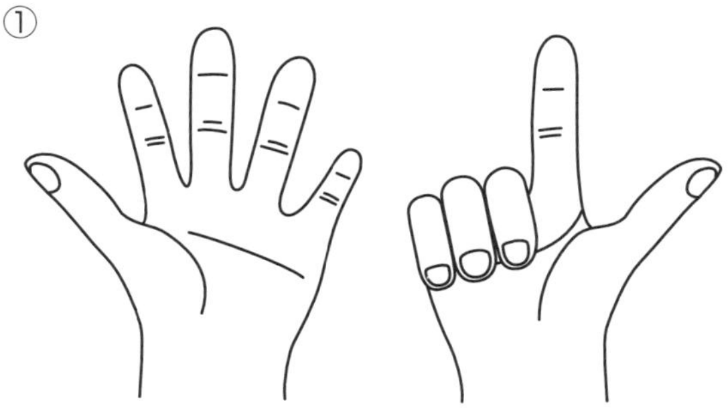

□

②

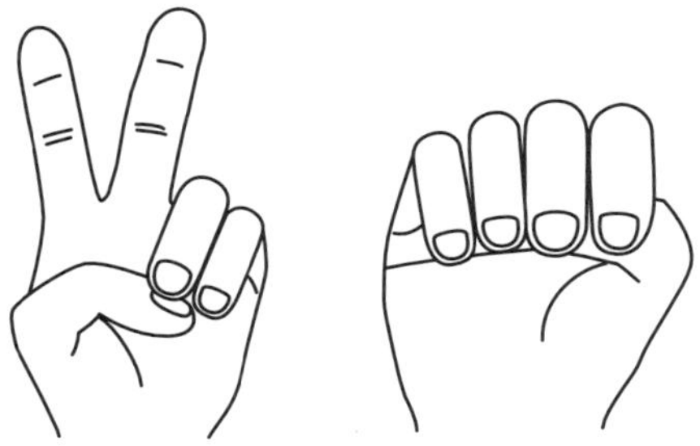

□

（2）10にするにはいくつといくつでしょう。

① 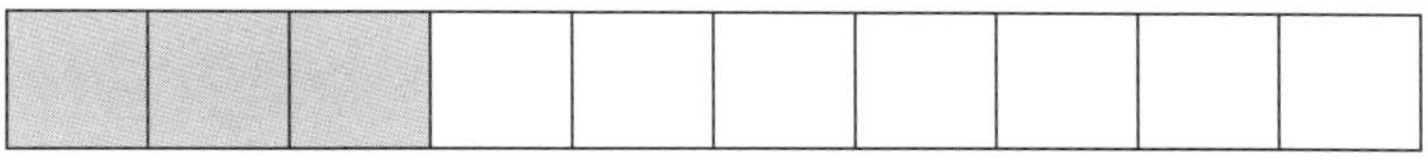 10は 3 と □

② 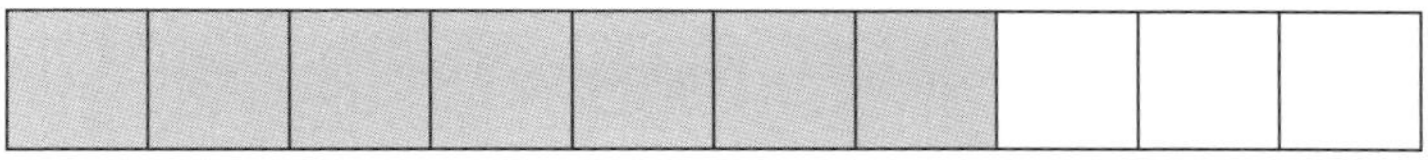 10は □ と □

③ 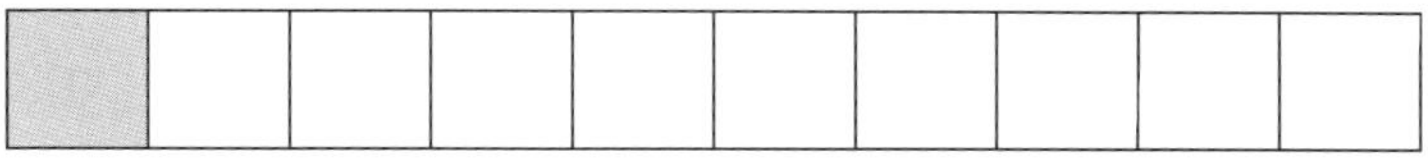 10は □ と □

④ 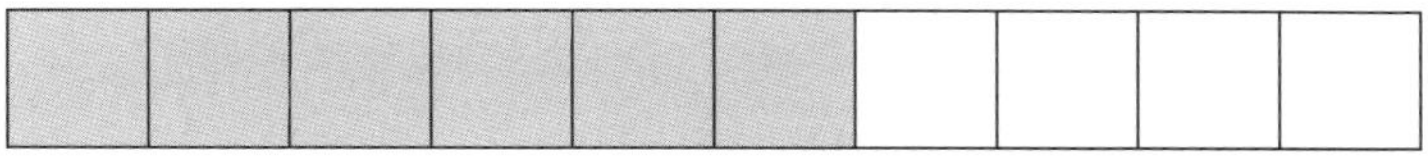 10は □ と □

⑤ 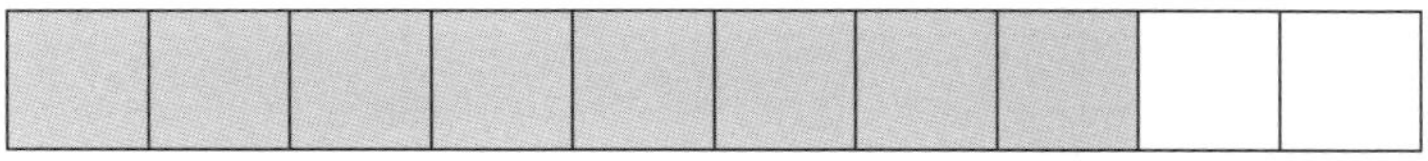 10は □ と □

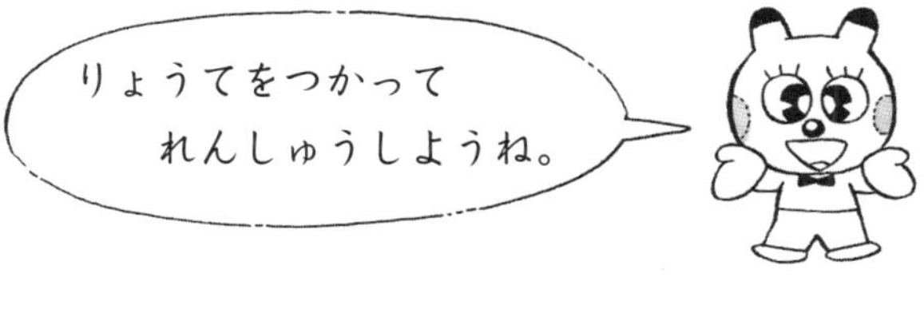

# 10はいくついくつ②

| | |
|---|---|
| | くみ |
| なまえ | |

（1）ひだりのすうじに、いくつたせば10になるでしょう。

| | | | | | | | | | |
|---|---|---|---|---|---|---|---|---|---|
| ① 4 | | ② 6 | | ③ 1 | | ④ 7 | | ⑤ 8 | |

（2）10はいくついくつ。

| | | | | | | | | | |
|---|---|---|---|---|---|---|---|---|---|
| ① 3 | | ② 2 | | ③ 5 | | ④ 7 | | ⑤ 4 | |
| ⑥ 9 | | ⑦ 7 | | ⑧ 0 | | ⑨ 4 | | ⑩ 5 | |
| ⑪ 4 | | ⑫ 3 | | ⑬ 6 | | ⑭ 8 | | ⑮ 7 | |
| ⑯ 0 | | ⑰ 6 | | ⑱ 4 | | ⑲ 5 | | ⑳ 8 | |
| ㉑ 8 | | ㉒ 1 | | ㉓ 9 | | ㉔ 0 | | ㉕ 3 | |
| ㉖ 1 | | ㉗ 8 | | ㉘ 3 | | ㉙ 6 | | ㉚ 2 | |
| ㉛ 5 | | ㉜ 0 | | ㉝ 7 | | ㉞ 3 | | ㉟ 6 | |
| ㊱ 2 | | ㊲ 9 | | ㊳ 1 | | ㊴ 2 | | ㊵ 9 | |
| ㊶ 7 | | ㊷ 4 | | ㊸ 8 | | ㊹ 9 | | ㊺ 1 | |
| ㊻ 6 | | ㊼ 5 | | ㊽ 2 | | ㊾ 1 | | ㊿ 0 | |

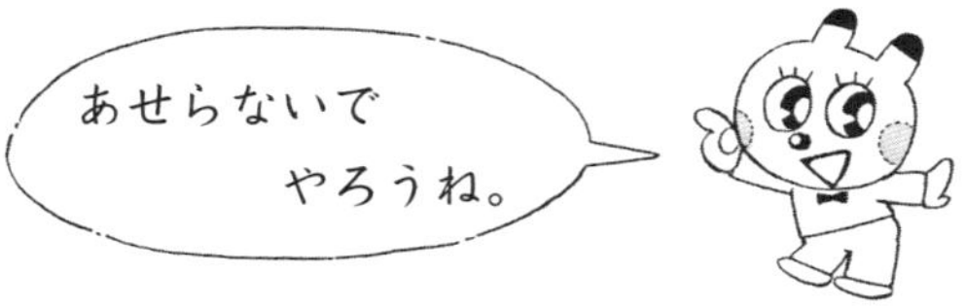

# 4. 10までの数のたし算、ひき算

## たし算をしにくい数

答えが9以下のたし算は、36題あります。答えが5以下の10題をのぞくと、下記の26題になります。

1+5　1+6　1+7　1+8
2+4　2+5　2+6　2+7
3+3　3+4　3+5　3+6
4+2　4+3　4+4　4+5
5+1　5+2　5+3　5+4
6+1　6+2　6+3
7+1　7+2
8+1

その中で、子どもたちにとって答えの求めにくいのは、次の7題です。

2+4　2+6　2+7
3+3　3+4　3+6
5+3

6+2　7+2　の答えは「数えたし」でも求めやすいですが、2+6　は頭の中で「数えたし」をするのが、むずかしいからです。

しかし、6を（5と1）、7を（5と2）ととらえている子は、2+6は（2と1と5）と考え、（3と5で8）と考えるので、すぐに答えが出せます。

## ひき算をしにくい数

答えが10までの数のひき算は、26題あります。

9−1　9−2　9−3　9−4　9−5　9−6
9−7　9−8
8−1　8−2　8−3　8−4　8−5　8−6
8−7
7−1　7−2　7−3　7−4　7−5　7−6
6−1　6−2　6−3　6−4　6−5

その中で、間違いやすいのは、

9−6　9−7　9−8　9−4
8−6　8−7
7−3　7−4　7−6
6−4

9−6は「数えひき」だと、頭の中で混乱を起こします。いくつひいたのか、わからなくなるからです。でも、たし算と同様に、5のかたまりでとらえて考えると、むしろ簡単な問題となります。

「9−6は、9を5と4、6を5と1。5を考えずに、4−1=3」と、すぐに答えが求められます。

どこがつまずきやすいかをあらかじめつかんでおくと、指導をするのに、視点がもてます。

子どもによってはもっと、ちがうところでつまずく子もいるかもしれません。その時には、その子なりに「ミス」をする原因があるはずです。その原因をさぐり、つまずきを取りのぞいてやらないといけません。

くり上がり、くり下がりのある計算になると、もっと「ミス」が出やすくなります。10までの数のたし算、ひき算をきちんと、クリアーさせたいものです。

# 10までのたしざん

くみ

なまえ

## （1）つぎの　たしざんをしましょう。

① 5＋1＝　② 5＋2＝　③ 5＋3＝　④ 5＋4＝

⑤ 1＋5＝　⑥ 2＋5＝　⑦ 3＋5＝　⑧ 4＋5＝

⑨ 6＋1＝　⑩ 6＋2＝　⑪ 6＋3＝　⑫ 1＋6＝

⑬ 2＋6＝　⑭ 3＋6＝　⑮ 7＋1＝　⑯ 7＋2＝

⑰ 1＋7＝　⑱ 2＋7＝　⑲ 8＋1＝　⑳ 1＋8＝

㉑ 2＋4＝　㉒ 3＋3＝　㉓ 3＋4＝　㉔ 4＋2＝

㉕ 4＋3＝　㉖ 4＋4＝

## （2）つぎの　たしざんをしましょう。

① $\begin{array}{r} 3 \\ +3 \\ \hline \end{array}$　② $\begin{array}{r} 6 \\ +2 \\ \hline \end{array}$　③ $\begin{array}{r} 2 \\ +4 \\ \hline \end{array}$　④ $\begin{array}{r} 3 \\ +4 \\ \hline \end{array}$　⑤ $\begin{array}{r} 2 \\ +6 \\ \hline \end{array}$　⑥ $\begin{array}{r} 7 \\ +2 \\ \hline \end{array}$

⑦ $\begin{array}{r} 3 \\ +6 \\ \hline \end{array}$　⑧ $\begin{array}{r} 2 \\ +7 \\ \hline \end{array}$　⑨ $\begin{array}{r} 4 \\ +3 \\ \hline \end{array}$　⑩ $\begin{array}{r} 6 \\ +3 \\ \hline \end{array}$　⑪ $\begin{array}{r} 4 \\ +2 \\ \hline \end{array}$　⑫ $\begin{array}{r} 3 \\ +5 \\ \hline \end{array}$

# 10までのひきざん

くみ

なまえ

（1）つぎの　ひきざんをしましょう。

① 9－5＝　② 8－5＝　③ 7－5＝　④ 6－5＝

⑤ 9－4＝　⑥ 8－3＝　⑦ 7－2＝　⑧ 6－1＝

⑨ 9－8＝　⑩ 9－7＝　⑪ 9－6＝　⑫ 9－3＝

⑬ 9－2＝　⑭ 8－7＝　⑮ 8－6＝　⑯ 7－6＝

⑰ 9－1＝　⑱ 8－2＝　⑲ 8－1＝　⑳ 7－1＝

㉑ 8－4＝　㉒ 7－4＝　㉓ 7－3＝　㉔ 6－4＝

㉕ 6－3＝　㉖ 6－2＝

（2）つぎの　ひきざんをしましょう。

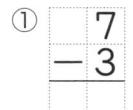

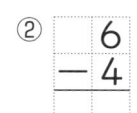

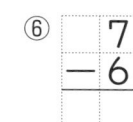

① 7－3　② 6－4　③ 7－4　④ 9－8　⑤ 9－6　⑥ 7－6

⑦ 8－7　⑧ 9－7　⑨ 8－6　⑩ 9－8　⑪ 9－7　⑫ 8－7

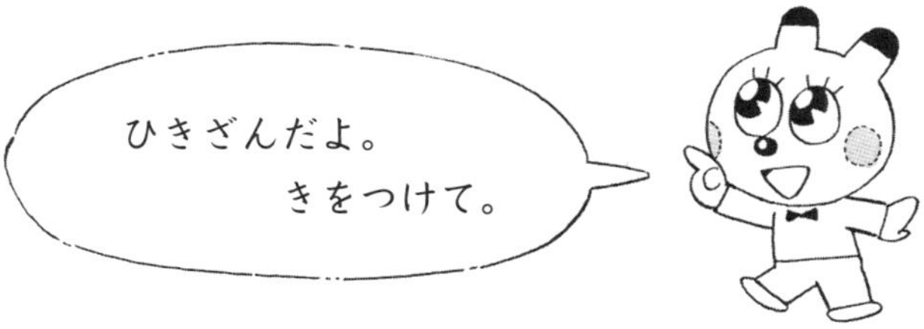

# 5. くり上がりのあるたし算

「くり上がりのあるたし算」と次の項の「くり下がりのあるひき算」が、1年生の算数の最重要課題です。それまでに、以下のことができるようにしておくことが重要です。

①たし算・ひき算の意味がわかる
②日常生活でたし算、ひき算が使える
③簡単な作問ができる
④10の合成・分解ができる
⑤10までの計算ができる

## 具体的指導法

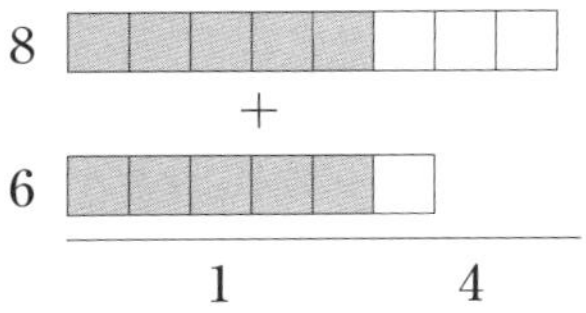


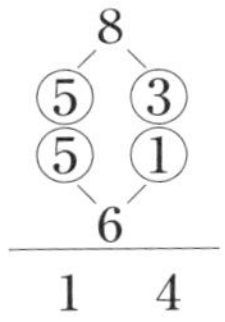


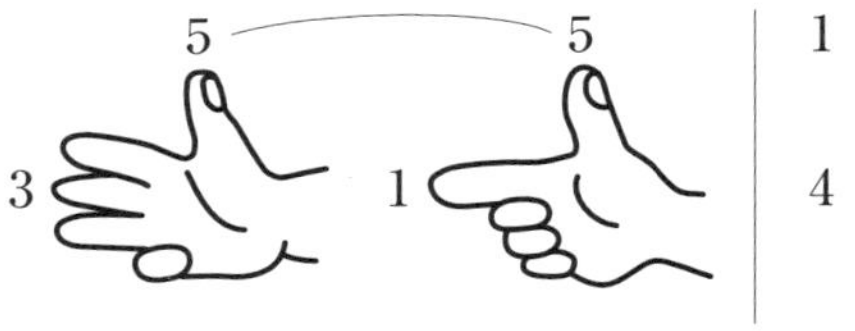


8と6をたす問題です。両方とも5以上の数ですから、くり上がりがあります。5が2つあるので、5どうしをたし算すると10になり、くり上がります。それに残りの数どうしをたして、10を合わせます。5と5で10、3と1で4。合わせて「14」になります。

タイル図、数字の分解図、指たて法の図が上にありますので、参考にしてください。

9＋3の場合の2つの方法を説明します。

・9を10にするには、あと「1」たりません。たす数の3から1をとってきて「10」にします。3は1とられたので、2になります。答えは「12」です。

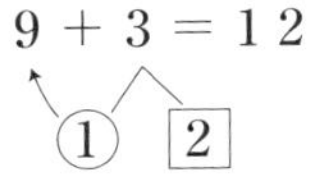


1 あげて 12

・たす数の3を10にするやり方です。3を10にするには、あと「7」たりません。9から7をとって、残りは2です。答えは「12」になります。たし算ですが、9−7というように「ひき算」が入りますね。

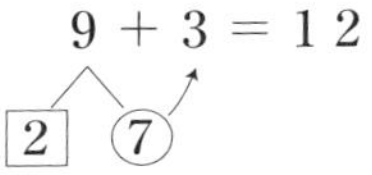


7 あげて 12

どちらの方法でもいいのです。自分のやりやすい方法で、答えを出しましょう。

## くり上がりのあるたし算――45題

・5＋5 で10、残りはいくつ、という順で答えを求める問題が15題。

5＋5　5＋6　5＋7　5＋8　5＋9
6＋5　6＋6　6＋7　6＋8
7＋5　7＋6　7＋7
8＋5　8＋6
9＋5

・答えが15以上になる場合が10題。

6＋9　7＋8　7＋9　8＋7　8＋8　8＋9
9＋6　9＋7　9＋8　9＋9

・8＋4 のように、8＋2 で10、残り2で12

| | | | | | | | | |
|---|---|---|---|---|---|---|---|---|
| 1＋9 | | | | | | | | |
| 2＋8 | 2＋9 | | | | | | | |
| 3＋7 | 3＋8 | 3＋9 | | | | | | |
| 4＋6 | 4＋7 | 4＋8 | 4＋9 | | | | | |
| 5＋5 | 5＋6 | 5＋7 | 5＋8 | 5＋9 | | | | |
| 6＋4 | 6＋5 | 6＋6 | 6＋7 | 6＋8 | 6＋9 | | | |
| 7＋3 | 7＋4 | 7＋5 | 7＋6 | 7＋7 | 7＋8 | 7＋9 | | |
| 8＋2 | 8＋3 | 8＋4 | 8＋5 | 8＋6 | 8＋7 | 8＋8 | 8＋9 | |
| 9＋1 | 9＋2 | 9＋3 | 9＋4 | 9＋5 | 9＋6 | 9＋7 | 9＋8 | 9＋9 |

になる、という問題が20題。

1＋9　2＋8　2＋9　3＋7　3＋8　3＋9
4＋6　4＋7　4＋8　4＋9　6＋4　7＋3
7＋4　8＋2　8＋3　8＋4　9＋1　9＋2
9＋3　9＋4

以上の45題を整理すると、上のようになります。

このうち、左端の列の問題はすべて答えが10になります。その次の列も11になり、比較的簡単です。この２列を合わせると17題になります。残りは45題－17題で、28題です。このように分類するのは、「できない」「むずかしい」といっても、すべてがそうではないからです。

子どもによってちがうと思いますが、その子が「どの問題ができないのか」をはっきりさせると集中的に取り組め、意外に早く理解できるようになることもあります。

くり上がりのあるたし算を「10の補数」で考える場合は、６や７がある問題がつまずきやすいようです。

６＋７の場合は、「五－二進法」を使うとよいでしょう。

６─┬─５　　　７─┬─５
　　└─１　　　　　└─２

５と５をくっつけ、残りのバラの１と２を合わせます。５と５で10、残りを合わせて13となります。５とバラという形を活用する指導法です。５が２つあるから「五－二進法」です。

# 6. くり下がりのあるひき算

## 具体的指導法

このくり下がりのあるひき算は、特に練習させなければなりません。どの問題も、みんな頭の中で、タイル・おはじき・かぞえ棒などの半具体物が、イメージできているかどうかを確かめていきます。

くり下がりのあるひき算のやり方は、大きくわけて下記の２つです。

・減加法（14－9）

10－9＝1　1＋4＝5

この計算では、10の補数が活用できます。しかし、ひき算なのに、なぜたし算なのかという疑問が出てきます。

・減減法（14－9）

9－4＝5　10－5＝5

９をひきたいが、一の位は４しかないから、まず４をひいて（9－4）、まだ５たりないから10から取る（10－5）。

授業では次のようにやります。

「公園で11人遊んでいました。３人が帰りました。あと何人残っているでしょう」という問題を出します。

具体的な場面を子どもに想像させます。

タイルを使って、どうやって差が求められるか考えさせます。１つではなしに、いろいろなやり方を発見させるのです。

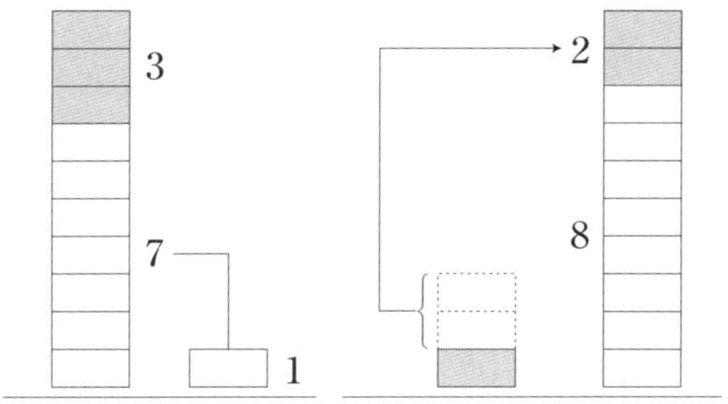


10－3＝7　7＋1＝8　　3－1＝2　10－2＝8

10から３をとると７残ります。その７とまだ残っている１を合計すると８です。左側のやり方です。減加法のやり方を見つける子もいます。

ある子は減減法を考える子もいます。３から１を引いて２です。あと２を引かなければなりません。10から２を引いて８。

どちらのやり方がわかりやすいかを選ばせます。

次は15－6をどちらか好きな方法でやらせます。10のかたまりの認識がついている子は、減加法を選ぶことが多いようです。順番にとりさる方がよいという子もいます。

タイルで操作ができれば、補助記号と言葉で定着をはかります。

減加法
15－6　10－○＝△　△＋□＝（　　）
　　　　10－6＝4　　4＋5＝9
言葉　10ひく6は4　4たす5は9

減減法
15－6　○－□＝▽　10－▽＝（　　）
　　　　6－5＝1　　10－1＝9
言葉　6ひく5は1　10ひく1は9

納得できればどちらの方法でもよいと思います。

具対物、半具体物、補助記号や言葉を使って念頭操作をさせていきます。つい、たし算に時間がとられて、時間がたりなくなることがあります。

ひき算がどうしても練習が不足しがちになりますので、意識して十分な練習の時間を、確保してほしいものです。

## くり下がりのあるひき算──45題

このひき算は全部で45題あります。45題の出題順序をかえて何日間か、家庭学習にも出します。間違ったところは直させます。すると、同じ箇所を間違っていることに気がついてきます。

10の合成分解を十分にして、そしてくり上がりのたし算をしていれば、10－○の問題は簡単でしょう。

11－○の形も、比較的簡単です。12－○もそう困難ではないと思います。これで24題です。

残り21題です。18－9は意外にできるようですから、残り20題に時間をかけて指導できると思います。

| | | | | | | | | |
|---|---|---|---|---|---|---|---|---|
| 10－1 | 10－2 | 10－3 | 10－4 | 10－5 | 10－6 | 10－7 | 10－8 | 10－9 |
| | 11－2 | 11－3 | 11－4 | 11－5 | 11－6 | 11－7 | 11－8 | 11－9 |
| | | 12－3 | 12－4 | 12－5 | 12－6 | 12－7 | 12－8 | 12－9 |

| | | | | | |
|---|---|---|---|---|---|
| 13－4 | 13－5 | 13－6 | 13－7 | 13－8 | 13－9 |
| | 14－5 | 14－6 | 14－7 | 14－8 | 14－9 |
| | | 15－6 | 15－7 | 15－8 | 15－9 |
| | | | 16－7 | 16－8 | 16－9 |
| | | | | 17－8 | 17－9 |
| | | | | | 18－9 |

## 筆算形式の計算を導入

1年生の1けたどうしの計算は、教科書では横算で指導となっています。くり上がり、くり下がりの計算でタイルを使った説明をしました。タイルは言ってみれば筆算形式なのです。位取りを理解するには、筆算で説明する方が、わかりやすいことがあります。

初歩の計算の段階から筆算を導入することで、2けたの数字の理解を助けます。横算の練習を積んだあとで、筆算の形も教えるのがいいでしょう。

その時に注意することは、数字の書き方です。数字がたてにそろうことが、大事なことを説明します。

| | | |
|---|---|---|
| | 2 | |
| ＋ | 3 | |
| | 5 | |

○

| | | |
|---|---|---|
| | 2 | |
| ＋ | | 3 |
| | 5 | |

×

| | | |
|---|---|---|
| 2 | | |
| ＋ | 3 | |
| | 5 | |

×

| | | |
|---|---|---|
| | 2 | |
| ＋ | 3 | |
| 5 | | |

×

この時、数字を10ずつまとめて位を上げていく十進法と、それを算用数字で表記する十進位取り記数法の説明が必要ですが、くわしい説明は、「おおきなかず」の単元にゆずりましょう。

# 10までのたしざん（くりあがりもあり）

くみ

なまえ

つぎの　たしざんをしましょう。

① 3＋2＝
② 1＋6＝
③ 4＋1＝
④ 2＋8＝
⑤ 7＋3＝
⑥ 1＋8＝
⑦ 4＋6＝
⑧ 7＋2＝
⑨ 9＋1＝
⑩ 1＋3＝
⑪ 1＋9＝
⑫ 3＋5＝
⑬ 2＋3＝
⑭ 3＋7＝
⑮ 5＋2＝
⑯ 1＋1＝
⑰ 6＋4＝
⑱ 3＋1＝
⑲ 2＋5＝
⑳ 4＋5＝
㉑ 6＋2＝
㉒ 2＋7＝
㉓ 8＋1＝
㉔ 5＋3＝
㉕ 4＋2＝
㉖ 2＋1＝
㉗ 3＋3＝
㉘ 2＋4＝
㉙ 4＋4＝
㉚ 1＋2＝
㉛ 5＋1＝
㉜ 3＋6＝
㉝ 1＋4＝
㉞ 5＋4＝
㉟ 2＋2＝
㊱ 1＋5＝
㊲ 4＋3＝
㊳ 1＋7＝
㊴ 6＋3＝
㊵ 3＋4＝
㊶ 2＋6＝
㊷ 5＋5＝
㊸ 6＋1＝
㊹ 8＋2＝
㊺ 7＋1＝

まちがいなおし

＋　＝　　＋　＝

／45

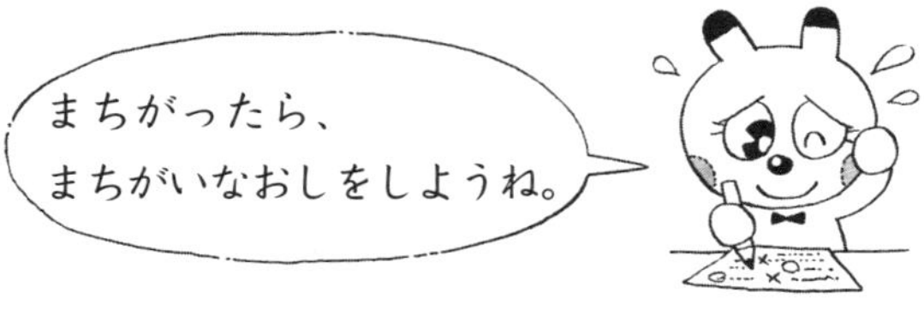

# くりあがりのある たしざん①

くみ

なまえ

つぎの　たしざんをしましょう。

| | | | | |
|---|---|---|---|---|
| ① 6 ＋ 7 | ② 5 ＋ 9 | ③ 8 ＋ 5 | ④ 6 ＋ 5 | ⑤ 5 ＋ 5 |
| ⑥ 5 ＋ 7 | ⑦ 9 ＋ 5 | ⑧ 7 ＋ 6 | ⑨ 7 ＋ 7 | ⑩ 5 ＋ 8 |
| ⑪ 6 ＋ 6 | ⑫ 7 ＋ 5 | ⑬ 6 ＋ 8 | ⑭ 5 ＋ 6 | ⑮ 8 ＋ 6 |
| ⑯ 8 ＋ 7 | ⑰ 6 ＋ 9 | ⑱ 9 ＋ 9 | ⑲ 7 ＋ 8 | ⑳ 9 ＋ 6 |
| ㉑ 7 ＋ 9 | ㉒ 8 ＋ 8 | ㉓ 9 ＋ 7 | ㉔ 8 ＋ 9 | ㉕ 9 ＋ 8 |
| ㉖ 4 ＋ 6 | ㉗ 7 ＋ 4 | ㉘ 4 ＋ 7 | ㉙ 9 ＋ 1 | ㉚ 4 ＋ 8 |
| ㉛ 4 ＋ 9 | ㉜ 3 ＋ 8 | ㉝ 1 ＋ 9 | ㉞ 6 ＋ 4 | ㉟ 7 ＋ 3 |
| ㊱ 2 ＋ 9 | ㊲ 8 ＋ 2 | ㊳ 9 ＋ 2 | ㊴ 2 ＋ 8 | ㊵ 3 ＋ 9 |
| ㊶ 9 ＋ 4 | ㊷ 3 ＋ 7 | ㊸ 8 ＋ 3 | ㊹ 9 ＋ 3 | ㊺ 8 ＋ 4 |

十のくらいにくりあがるよ。

# くりあがりのある たしざん②

くみ

なまえ

つぎの　たしざんをしましょう。

| | | | | |
|---|---|---|---|---|
| ① 8 ＋ 8 | ② 5 ＋ 5 | ③ 6 ＋ 5 | ④ 4 ＋ 7 | ⑤ 8 ＋ 7 |
| ⑥ 7 ＋ 3 | ⑦ 9 ＋ 8 | ⑧ 7 ＋ 4 | ⑨ 8 ＋ 6 | ⑩ 6 ＋ 4 |
| ⑪ 9 ＋ 7 | ⑫ 1 ＋ 9 | ⑬ 4 ＋ 6 | ⑭ 6 ＋ 7 | ⑮ 6 ＋ 9 |
| ⑯ 5 ＋ 9 | ⑰ 6 ＋ 6 | ⑱ 7 ＋ 5 | ⑲ 2 ＋ 8 | ⑳ 8 ＋ 9 |
| ㉑ 9 ＋ 6 | ㉒ 9 ＋ 9 | ㉓ 4 ＋ 9 | ㉔ 7 ＋ 6 | ㉕ 4 ＋ 8 |
| ㉖ 6 ＋ 8 | ㉗ 2 ＋ 9 | ㉘ 8 ＋ 5 | ㉙ 5 ＋ 6 | ㉚ 9 ＋ 1 |
| ㉛ 9 ＋ 5 | ㉜ 5 ＋ 8 | ㉝ 9 ＋ 3 | ㉞ 3 ＋ 7 | ㉟ 7 ＋ 9 |
| ㊱ 3 ＋ 8 | ㊲ 8 ＋ 2 | ㊳ 3 ＋ 9 | ㊴ 9 ＋ 2 | ㊵ 5 ＋ 7 |
| ㊶ 8 ＋ 4 | ㊷ 8 ＋ 3 | ㊸ 7 ＋ 7 | ㊹ 9 ＋ 4 | ㊺ 7 ＋ 8 |

あせらなくていいんだよ。

# くりあがりのあるたしざん なまえ（　　　　　　）

（1）たしざんをしましょう。

① 9＋6＝
② 6＋9＝
③ 8＋8＝
④ 1＋9＝
⑤ 7＋7＝
⑥ 8＋6＝
⑦ 5＋5＝
⑧ 8＋3＝
⑨ 9＋2＝
⑩ 3＋7＝
⑪ 6＋6＝
⑫ 5＋9＝
⑬ 7＋9＝
⑭ 9＋5＝
⑮ 6＋7＝
⑯ 9＋8＝
⑰ 4＋7＝
⑱ 9＋9＝
⑲ 8＋9＝
⑳ 9＋3＝
㉑ 7＋5＝
㉒ 3＋9＝
㉓ 9＋7＝
㉔ 6＋8＝
㉕ 6＋4＝
㉖ 8＋7＝
㉗ 8＋4＝
㉘ 2＋8＝
㉙ 9＋4＝
㉚ 7＋3＝
㉛ 4＋8＝
㉜ 8＋2＝
㉝ 5＋7＝
㉞ 3＋8＝
㉟ 9＋1＝
㊱ 4＋6＝
㊲ 8＋5＝
㊳ 7＋6＝
㊴ 4＋9＝
㊵ 7＋8＝
㊶ 5＋6＝
㊷ 2＋9＝
㊸ 6＋5＝
㊹ 5＋8＝
㊺ 7＋4＝

（2）たしざんをしましょう。

① 9＋7＝
② 7＋8＝
③ 9＋2＝
④ 9＋6＝
⑤ 5＋9＝
⑥ 8＋8＝
⑦ 9＋8＝
⑧ 6＋9＝
⑨ 9＋9＝
⑩ 9＋3＝
⑪ 7＋3＝
⑫ 4＋8＝
⑬ 9＋4＝
⑭ 6＋7＝
⑮ 8＋9＝
⑯ 1＋9＝
⑰ 8＋3＝
⑱ 8＋6＝
⑲ 5＋7＝
⑳ 7＋9＝
㉑ 3＋7＝
㉒ 6＋6＝
㉓ 7＋5＝
㉔ 9＋5＝
㉕ 4＋6＝
㉖ 8＋4＝
㉗ 5＋5＝
㉘ 7＋4＝
㉙ 6＋8＝
㉚ 2＋8＝
㉛ 6＋4＝
㉜ 8＋2＝
㉝ 3＋9＝
㉞ 8＋7＝
㉟ 4＋9＝
㊱ 9＋1＝
㊲ 5＋6＝
㊳ 2＋9＝
㊴ 8＋5＝
㊵ 4＋7＝
㊶ 7＋6＝
㊷ 6＋5＝
㊸ 3＋8＝
㊹ 7＋7＝
㊺ 5＋8＝

ていねいにやろうね。

# たしざんテスト

なまえ（　　　　　　　　　）　　　　てん

① 3＋4＝
② 9＋2＝
③ 5＋1＝
④ 6＋5＝
⑤ 8＋8＝
⑥ 7＋7＝
⑦ 3＋2＝
⑧ 5＋8＝
⑨ 1＋9＝
⑩ 7＋2＝
⑪ 8＋4＝
⑫ 9＋7＝
⑬ 4＋7＝
⑭ 8＋2＝
⑮ 4＋5＝
⑯ 9＋4＝
⑰ 5＋7＝
⑱ 3＋3＝
⑲ 6＋7＝
⑳ 4＋2＝
㉑ 7＋6＝
㉒ 7＋3＝
㉓ 0＋9＝
㉔ 7＋8＝
㉕ 0＋1＝
㉖ 3＋0＝
㉗ 0＋6＝
㉘ 0＋8＝
㉙ 7＋4＝
㉚ 0＋4＝
㉛ 0＋3＝
㉜ 1＋8＝
㉝ 0＋0＝
㉞ 3＋6＝
㉟ 6＋3＝
㊱ 9＋3＝
㊲ 7＋1＝
㊳ 9＋8＝
㊴ 3＋1＝
㊵ 5＋6＝
㊶ 2＋6＝
㊷ 2＋7＝
㊸ 1＋6＝
㊹ 3＋9＝
㊺ 8＋1＝
㊻ 9＋5＝
㊼ 8＋3＝
㊽ 9＋9＝
㊾ 1＋7＝
㊿ 6＋0＝
(51) 5＋4＝
(52) 2＋9＝
(53) 4＋1＝
(54) 1＋4＝
(55) 8＋5＝
(56) 2＋4＝
(57) 1＋1＝
(58) 2＋2＝
(59) 2＋1＝
(60) 2＋3＝
(61) 4＋8＝
(62) 7＋0＝
(63) 1＋0＝
(64) 8＋0＝
(65) 8＋7＝
(66) 3＋7＝
(67) 0＋7＝
(68) 2＋0＝
(69) 9＋0＝
(70) 0＋2＝
(71) 7＋5＝
(72) 9＋1＝
(73) 7＋9＝
(74) 4＋6＝
(75) 4＋4＝
(76) 4＋0＝
(77) 1＋3＝
(78) 6＋9＝
(79) 4＋3＝
(80) 6＋2＝
(81) 5＋5＝
(82) 5＋0＝
(83) 4＋9＝
(84) 5＋9＝
(85) 8＋9＝
(86) 6＋4＝
(87) 0＋5＝
(88) 8＋6＝
(89) 9＋6＝
(90) 5＋3＝
(91) 6＋6＝
(92) 6＋1＝
(93) 1＋5＝
(94) 1＋2＝
(95) 6＋8＝
(96) 5＋2＝
(97) 3＋5＝
(98) 2＋5＝
(99) 3＋8＝
(100) 2＋8＝



なんもんできるかな。

# 10までのひきざん
## （くりさがりもあり）

くみ

なまえ

つぎの　ひきざんをしましょう。

① 10－5＝

② 9－8＝

③ 8－2＝

④ 10－8＝

⑤ 6－5＝

⑥ 4－2＝

⑦ 10－3＝

⑧ 10－9＝

⑨ 7－1＝

⑩ 9－4＝

⑪ 3－1＝

⑫ 10－7＝

⑬ 8－6＝

⑭ 10－1＝

⑮ 5－3＝

⑯ 9－5＝

⑰ 9－2＝

⑱ 8－4＝

⑲ 6－1＝

⑳ 9－3＝

㉑ 2－1＝

㉒ 9－7＝

㉓ 5－2＝

㉔ 8－3＝

㉕ 3－2＝

㉖ 10－4＝

㉗ 9－1＝

㉘ 7－4＝

㉙ 7－2＝

㉚ 8－5＝

㉛ 5－1＝

㉜ 10－6＝

㉝ 7－3＝

㉞ 7－6＝

㉟ 10－2＝

㊱ 4－3＝

㊲ 6－4＝

㊳ 4－1＝

㊴ 6－3＝

㊵ 7－5＝

㊶ 8－1＝

㊷ 6－2＝

㊸ 5－4＝

㊹ 9－6＝

㊺ 8－7＝

まちがいなおし

＋　＝　　＋　＝

／45

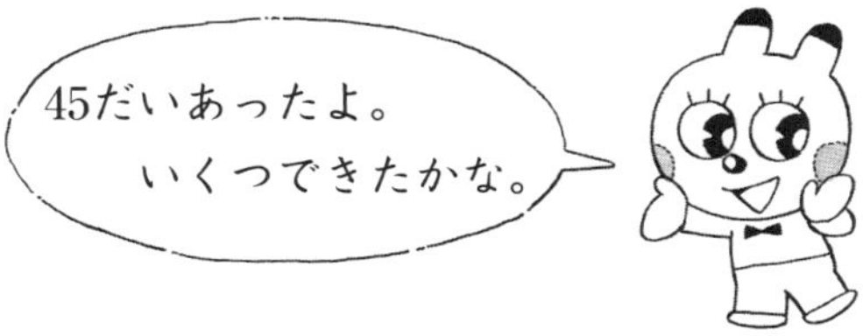

# くりさがりのある ひきざん

くみ

なまえ

つぎの　ひきざんをしましょう。

| | | | | |
|---|---|---|---|---|
| ① 12 − 7 | ② 14 − 8 | ③ 11 − 5 | ④ 12 − 6 | ⑤ 14 − 7 |
| ⑥ 13 − 8 | ⑦ 14 − 6 | ⑧ 13 − 6 | ⑨ 13 − 5 | ⑩ 11 − 6 |
| ⑪ 13 − 7 | ⑫ 14 − 5 | ⑬ 12 − 5 | ⑭ 14 − 9 | ⑮ 18 − 9 |
| ⑯ 16 − 8 | ⑰ 15 − 6 | ⑱ 17 − 8 | ⑲ 15 − 8 | ⑳ 16 − 7 |
| ㉑ 17 − 9 | ㉒ 15 − 9 | ㉓ 15 − 7 | ㉔ 16 − 9 | ㉕ 11 − 9 |
| ㉖ 12 − 9 | ㉗ 11 − 3 | ㉘ 11 − 7 | ㉙ 13 − 4 | ㉚ 12 − 8 |
| ㉛ 12 − 4 | ㉜ 11 − 8 | ㉝ 11 − 2 | ㉞ 13 − 9 | ㉟ 12 − 3 |
| ㊱ 11 − 4 | ㊲ 10 − 8 | ㊳ 10 − 1 | ㊴ 10 − 5 | ㊵ 10 − 7 |
| ㊶ 10 − 3 | ㊷ 10 − 4 | ㊸ 10 − 2 | ㊹ 10 − 6 | ㊺ 10 − 9 |

くりさがりがあるよ。

# くりさがりのある ひきざん

くみ

なまえ

つぎの　ひきざんを しましょう。

| | | | | |
|---|---|---|---|---|
| ① 11 − 2 | ② 10 − 1 | ③ 10 − 5 | ④ 15 − 8 | ⑤ 10 − 7 |
| ⑥ 16 − 7 | ⑦ 12 − 3 | ⑧ 14 − 9 | ⑨ 12 − 6 | ⑩ 15 − 9 |
| ⑪ 11 − 5 | ⑫ 10 − 2 | ⑬ 13 − 4 | ⑭ 11 − 3 | ⑮ 14 − 6 |
| ⑯ 12 − 7 | ⑰ 16 − 8 | ⑱ 13 − 5 | ⑲ 10 − 4 | ⑳ 11 − 4 |
| ㉑ 15 − 6 | ㉒ 10 − 3 | ㉓ 12 − 4 | ㉔ 16 − 9 | ㉕ 14 − 7 |
| ㉖ 11 − 7 | ㉗ 10 − 6 | ㉘ 13 − 7 | ㉙ 12 − 5 | ㉚ 11 − 8 |
| ㉛ 14 − 5 | ㉜ 15 − 7 | ㉝ 17 − 9 | ㉞ 13 − 6 | ㉟ 10 − 8 |
| ㊱ 13 − 9 | ㊲ 11 − 6 | ㊳ 12 − 8 | ㊴ 14 − 8 | ㊵ 18 − 9 |
| ㊶ 17 − 8 | ㊷ 10 − 9 | ㊸ 13 − 8 | ㊹ 12 − 9 | ㊺ 11 − 9 |

くりさがりのけいさんは、たいせつだよ。

# くりさがりのあるひきざん

なまえ（　　　　　　　　　　）

（1）ひきざんをしましょう。

① 10－3＝
② 12－7＝
③ 10－2＝
④ 11－2＝
⑤ 11－9＝
⑥ 11－5＝
⑦ 10－7＝
⑧ 16－8＝
⑨ 10－9＝
⑩ 14－5＝
⑪ 11－7＝
⑫ 13－8＝
⑬ 10－1＝
⑭ 18－9＝
⑮ 15－6＝
⑯ 12－8＝
⑰ 14－9＝
⑱ 10－5＝
⑲ 12－3＝
⑳ 11－6＝
㉑ 16－9＝
㉒ 11－4＝
㉓ 14－6＝
㉔ 15－9＝
㉕ 14－7＝
㉖ 11－3＝
㉗ 17－8＝
㉘ 13－5＝
㉙ 15－7＝
㉚ 13－9＝
㉛ 13－7＝
㉜ 12－9＝
㉝ 13－6＝
㉞ 13－4＝
㉟ 16－7＝
㊱ 10－6＝
㊲ 12－6＝
㊳ 10－8＝
㊴ 12－4＝
㊵ 14－8＝
㊶ 10－4＝
㊷ 11－8＝
㊸ 12－5＝
㊹ 15－8＝
㊺ 17－9＝

（2）ひきざんをしましょう。

① 16－8＝
② 10－3＝
③ 13－7＝
④ 11－7＝
⑤ 11－2＝
⑥ 10－2＝
⑦ 14－5＝
⑧ 12－9＝
⑨ 11－9＝
⑩ 13－8＝
⑪ 10－5＝
⑫ 12－8＝
⑬ 15－6＝
⑭ 11－4＝
⑮ 14－6＝
⑯ 12－3＝
⑰ 11－5＝
⑱ 18－9＝
⑲ 14－7＝
⑳ 16－9＝
㉑ 11－6＝
㉒ 10－1＝
㉓ 14－9＝
㉔ 12－7＝
㉕ 11－3＝
㉖ 13－6＝
㉗ 13－9＝
㉘ 15－9＝
㉙ 15－7＝
㉚ 10－7＝
㉛ 13－5＝
㉜ 17－8＝
㉝ 13－4＝
㉞ 11－8＝
㉟ 12－4＝
㊱ 12－6＝
㊲ 10－4＝
㊳ 16－7＝
㊴ 12－5＝
㊵ 17－9＝
㊶ 14－8＝
㊷ 10－6＝
㊸ 15－8＝
㊹ 10－8＝
㊺ 10－9＝



くりさがりがわかったかな。

# ひきざんテスト

月　日（　　　　　　）　　てん

① 9 − 2 =
② 13 − 8 =
③ 10 − 9 =
④ 17 − 8 =
⑤ 12 − 3 =
⑥ 8 − 1 =
⑦ 7 − 4 =
⑧ 4 − 0 =
⑨ 4 − 3 =
⑩ 15 − 9 =
⑪ 5 − 4 =
⑫ 13 − 5 =
⑬ 6 − 4 =
⑭ 6 − 2 =
⑮ 13 − 6 =
⑯ 10 − 3 =
⑰ 18 − 9 =
⑱ 8 − 7 =
⑲ 6 − 0 =
⑳ 14 − 6 =
㉑ 15 − 6 =
㉒ 8 − 3 =
㉓ 10 − 7 =
㉔ 7 − 7 =
㉕ 2 − 0 =
㉖ 9 − 8 =
㉗ 0 − 0 =
㉘ 9 − 6 =
㉙ 5 − 3 =
㉚ 12 − 8 =
㉛ 7 − 0 =
㉜ 4 − 1 =
㉝ 11 − 2 =
㉞ 6 − 1 =
㉟ 9 − 3 =
㊱ 7 − 3 =
㊲ 8 − 2 =
㊳ 10 − 5 =
㊴ 9 − 1 =
㊵ 14 − 5 =
㊶ 11 − 3 =
㊷ 16 − 9 =
㊸ 10 − 6 =
㊹ 8 − 4 =
㊺ 10 − 2 =
㊻ 9 − 5 =
㊼ 13 − 4 =
㊽ 12 − 6 =
㊾ 7 − 1 =
㊿ 6 − 5 =
(51) 2 − 1 =
(52) 4 − 2 =
(53) 3 − 1 =
(54) 17 − 9 =
(55) 10 − 4 =
(56) 5 − 5 =
(57) 3 − 0 =
(58) 6 − 6 =
(59) 8 − 8 =
(60) 11 − 5 =
(61) 16 − 8 =
(62) 14 − 7 =
(63) 10 − 1 =
(64) 2 − 2 =
(65) 12 − 5 =
(66) 10 − 8 =
(67) 7 − 5 =
(68) 11 − 8 =
(69) 9 − 0 =
(70) 5 − 2 =
(71) 11 − 6 =
(72) 8 − 6 =
(73) 12 − 7 =
(74) 6 − 3 =
(75) 13 − 7 =
(76) 5 − 0 =
(77) 13 − 9 =
(78) 14 − 9 =
(79) 12 − 4 =
(80) 16 − 7 =
(81) 11 − 7 =
(82) 9 − 4 =
(83) 11 − 9 =
(84) 5 − 1 =
(85) 11 − 4 =
(86) 4 − 4 =
(87) 3 − 3 =
(88) 3 − 2 =
(89) 14 − 8 =
(90) 7 − 2 =
(91) 9 − 9 =
(92) 15 − 8 =
(93) 1 − 1 =
(94) 1 − 0 =
(95) 8 − 0 =
(96) 15 − 7 =
(97) 8 − 5 =
(98) 9 − 7 =
(99) 7 − 6 =
(100) 12 − 9 =

なんもんできるかな。さあ、ちょうせんだよ。

# 7. 百ますたし算

## 百ますたし算の練習

1けたどうしのたし算で、答えが5までのたし算、次に答えが10までのたし算、それができたらくり上がりのあるたし算。この3つの「基本たし算」をみっちり完成させておかないと、あとで、計算が思うようにできない子が続出します。

むちゃくちゃに計算練習をやらせるのではありません。時間をかけて、ゆっくり、せかさず、あせらず、のんびり、楽しんでやらせていくことです。その有力な方法の1つが百ます計算です。百ます計算の中には、3つの「基本たし算」の形が、すべて入っています。

## 百ますたし算のポイント

やり方は次のようにします。たて、横11ずつの方眼をつくります。左上すみに＋と書きます。最上欄に0から9までの数を書き込みます。最左欄にも上欄と同じように数字を書き入れます。

| + | 2 | 0 | 5 | 1 | 9 | 6 | 3 | 8 | 4 | 7 |
|---|---|---|---|---|---|---|---|---|---|---|
| 6 | | | | | | | | | | |
| 3 | | | | | | | | | 7 | |

上に一部を書いておきました。上の4と左の3をたして、答えの7を4の真下で3の真右で交わる「ます」に書き入れます。1年生にとって、最初はどことどこのたし算をすればいいのか、わからないこともあります。

そこで、一度に百ますにしないで、9ますにしたり、25ますにしたりと、少しずつ量を増やしていきます。7、8、9の数の計算は、子どもたちにとってむずかしい計算です。その数だけのますを作って、苦手なところを練習するのも、1つの方法です。

はじめて百ます計算をさせると、自分の得意な計算から、はじめていく子をみかけます。本人はそれの方が速くできると思っているようですが、あっちこっちの数字を見ないといけないので、結果として遅くなってしまいます。

それとはじめに0の行をやり、ついで1の行、2の行、3の行と答えを1ずつ増やしていけばよいという、練習にならない答え方をする子がいます。これでは、たし算を正確かつ敏速にする力がつかないことを、理解させないといけません。左から順々にやっていくように指導していきます。

## 百ます計算の評価方法

百ます計算の注意する点は、決してせかさないこと、他の子と比較をしないことです。きのうよりどれだけ正答数が増えたのか、おとといよりどれだけ速くできるようになったのか、前の自分よりもどれだけ進歩したかということを基準に、評価することです。

プリントの横に百ます計算をするのにかかった時間を書く欄をもうけておきます。プリントはクラスいっしょに答え合わせをします。間違った箇所は、プリントの横にある、間違い直しの欄に、式と答えを書きます。タイムが昨日より伸びた子には、がんばり賞で丸をつけたり、はんこを押してやると、とても励みとなります。

学校で100題、家庭学習で100題したとすると、1日に200題です。毎日休まず200題すると、1か月半で1万題の計算をしたことになります。1万題をすぎるころから、

1年生でも2分少々でできるようになります。速い子では1分台でという子も出てくるでしょう。はじめたころには、100題に10分以上かかっていた子も、ぐんぐん速くなってきます。

100題を計算する速さだけで評価すると、遅い子はなかなか速い子に追いつけません。しかし、最初のころと比べてその子の縮めたタイムを調べると、遅い子のほうが、伸び率はいいのです。伸び率も評価してやることで、計算の苦手な子どもも自信を持ってきます。

# 8．百ますひき算

## 百ますひき算の練習

基本たし算がすらすらできるようになれば、今度はひき算です。いきなり百ます計算でやっていける子もありますが、まだ計算の力の弱い子には、一番の基礎のところをやらないとなりません。ひき算の意味や仕組みがよく分からないままでは、いくら練習をしても、子どもは乗り気になってはくれませんし、力がつきません。クラス全体を百ます計算ができるまでに引き上げたら、今度は家庭学習にすると効果があります。

## 百ますひき算の作問上の注意

たし算、かけ算の百ます計算は、最上欄、最左欄に0から9までの数字を書くことですみますが、ひき算の場合は、それでは計算ができない場合がでてきます。2－9のような問題ができるからです。

そのために最上欄に入れる数字は、十の位に1をつけて入れます。このことで、2－9は12－9となり、くり下がりのある計算も含まれるようになります。19－5のように十の位の1が必要のない計算もありますが、9－5の練習と考えればよいと思います。

## 百ますひき算のポイント

5までの数の合成・分解、10までの数の合成・分解がしっかりできていると、ひき算の理解と習熟には、たし算ほど時間がかからない場合もあります。多くの子はスムーズに進んでいくと思います。

指を使ったり、考えこんでいる子には、5の合成・分解や10の合成・分解を、もう一度くり返して指導することも必要でしょう。

「基本ひき算」のやり方をきちんとのみこむことができたら、あとはくり返しの練習が大切です。ひき算の百ます計算もたし算と同じように家庭学習でもさせていきます。きのうの自分より、今日の自分が進歩できるように取り組ませます。

その1つの方法として、星とり表があります。タイム・点数が伸びれば相撲で勝ったのと同じで白星、負ければ黒星とします。46ページのような表を算数ノートや画用紙に貼っておきます。家で学習するときにも書かせます。そうすると家での学習にもめあてを持って取り組んでいきます。同点や同タイムは勝ったことにすると、子どもは喜びます。慣れてくると100点が続出します。でも、ちょっと気を抜くと98点などとなって、黒星がつくことになります。

宿題以上に練習する子もでてきます。

# ますけいさん（たしざん）

くみ

なまえ

## 9ますけいさん（ありさんコース）

①

| ＋ | 4 | 7 | 0 |
|---|---|---|---|
| 5 | | | |
| 8 | | | |
| 1 | | | |

②

| ＋ | 5 | 2 | 8 |
|---|---|---|---|
| 3 | | | |
| 0 | | | |
| 6 | | | |

③

| ＋ | 6 | 3 | 9 |
|---|---|---|---|
| 4 | | | |
| 7 | | | |
| 2 | | | |

## 25ますけいさん（うさぎさんコース）

④

| ＋ | 5 | 1 | 7 | 2 | 8 |
|---|---|---|---|---|---|
| 0 | | | | | |
| 3 | | | | | |
| 6 | | | | | |
| 4 | | | | | |
| 9 | | | | | |

⑤

| ＋ | 5 | 0 | 3 | 7 | 9 |
|---|---|---|---|---|---|
| 6 | | | | | |
| 1 | | | | | |
| 4 | | | | | |
| 2 | | | | | |
| 8 | | | | | |

# ますけいさん（たしざん）

くみ

なまえ

64ますけいさん（くまさんコース）

①

| ＋ | 5 | 1 | 7 | 2 | 8 | 4 | 0 | 3 |
|---|---|---|---|---|---|---|---|---|
| 0 | | | | | | | | |
| 3 | | | | | | | | |
| 6 | | | | | | | | |
| 4 | | | | | | | | |
| 9 | | | | | | | | |
| 7 | | | | | | | | |
| 1 | | | | | | | | |
| 8 | | | | | | | | |

まちがいなおし

＋　＝

＋　＝

＋　＝

＋　＝

＋　＝

②

| ＋ | 3 | 9 | 0 | 8 | 1 | 6 | 2 | 4 | 7 | 5 |
|---|---|---|---|---|---|---|---|---|---|---|
| 9 | | | | | | | | | | |
| 7 | | | | | | | | | | |

# ひゃくますけいさん（たしざん）

くみ

なまえ

ぞうさんコース

| ＋ | 3 | 9 | 0 | 8 | 1 | 6 | 2 | 4 | 7 | 5 |
|---|---|---|---|---|---|---|---|---|---|---|
| 8 | | | | | | | | | | |
| 9 | | | | | | | | | | |
| 7 | | | | | | | | | | |
| 2 | | | | | | | | | | |
| 1 | | | | | | | | | | |
| 4 | | | | | | | | | | |
| 0 | | | | | | | | | | |
| 3 | | | | | | | | | | |
| 5 | | | | | | | | | | |
| 6 | | | | | | | | | | |

月　日

ふん　びょう

だい

まちがいなおし

＋　＝

＋　＝

＋　＝

＋　＝

＋　＝

# ひゃくますけいさん（たしざん）

くみ

なまえ

①

| + | 4 | 8 | 0 | 5 | 1 | 6 | 2 | 7 | 3 | 9 |
|---|---|---|---|---|---|---|---|---|---|---|
| 4 | | | | | | | | | | |
| 8 | | | | | | | | | | |
| 0 | | | | | | | | | | |
| 5 | | | | | | | | | | |
| 1 | | | | | | | | | | |
| 6 | | | | | | | | | | |
| 2 | | | | | | | | | | |
| 7 | | | | | | | | | | |
| 3 | | | | | | | | | | |
| 9 | | | | | | | | | | |

月　　日

ふん　　びょう

だい

まちがいなおし

＋　＝

＋　＝

＋　＝

＋　＝

＋　＝

②

| + | 5 | 0 | 6 | 1 | 8 | 7 | 2 | 3 | 9 | 4 |
|---|---|---|---|---|---|---|---|---|---|---|
| 2 | | | | | | | | | | |
| 6 | | | | | | | | | | |
| 1 | | | | | | | | | | |
| 3 | | | | | | | | | | |
| 0 | | | | | | | | | | |
| 7 | | | | | | | | | | |
| 4 | | | | | | | | | | |
| 5 | | | | | | | | | | |
| 8 | | | | | | | | | | |
| 9 | | | | | | | | | | |

月　　日

ふん　　びょう

だい

まちがいなおし

＋　＝

＋　＝

＋　＝

＋　＝

＋　＝

# ますけいさん（ひきざん）

くみ

なまえ

## 9ますけいさん（ありさんコース）

①

| － | 14 | 17 | 10 |
|---|---|---|---|
| 5 | | | |
| 8 | | | |
| 1 | | | |

②

| － | 15 | 12 | 18 |
|---|---|---|---|
| 3 | | | |
| 0 | | | |
| 6 | | | |

③

| － | 16 | 13 | 19 |
|---|---|---|---|
| 4 | | | |
| 7 | | | |
| 2 | | | |

## 25ますけいさん（うさぎさんコース）

④

| － | 15 | 11 | 17 | 12 | 18 |
|---|---|---|---|---|---|
| 0 | | | | | |
| 3 | | | | | |
| 6 | | | | | |
| 4 | | | | | |
| 9 | | | | | |

⑤

| － | 15 | 10 | 13 | 17 | 19 |
|---|---|---|---|---|---|
| 6 | | | | | |
| 1 | | | | | |
| 4 | | | | | |
| 2 | | | | | |
| 8 | | | | | |

# ますけいさん（ひきざん）

くみ

なまえ

## 64ますけいさん（くまさんコース）

①

| − | 15 | 11 | 17 | 12 | 18 | 14 | 10 | 13 |
|---|---|---|---|---|---|---|---|---|
| 0 | | | | | | | | |
| 3 | | | | | | | | |
| 6 | | | | | | | | |
| 4 | | | | | | | | |
| 9 | | | | | | | | |
| 7 | | | | | | | | |
| 1 | | | | | | | | |
| 8 | | | | | | | | |

まちがいなおし

−　＝

−　＝

−　＝

−　＝

−　＝

②

| − | 13 | 19 | 10 | 18 | 11 | 16 | 12 | 14 | 17 | 15 |
|---|---|---|---|---|---|---|---|---|---|---|
| 9 | | | | | | | | | | |
| 7 | | | | | | | | | | |

# ひゃくますけいさん（ひきざん）

くみ

なまえ

## ぞうさんコース

| − | 13 | 19 | 10 | 18 | 11 | 16 | 12 | 14 | 17 | 15 |
|---|---|---|---|---|---|---|---|---|---|---|
| 8 | | | | | | | | | | |
| 9 | | | | | | | | | | |
| 7 | | | | | | | | | | |
| 2 | | | | | | | | | | |
| 1 | | | | | | | | | | |
| 4 | | | | | | | | | | |
| 0 | | | | | | | | | | |
| 3 | | | | | | | | | | |
| 5 | | | | | | | | | | |
| 6 | | | | | | | | | | |

月　　日

ふん　　びょう

だい

まちがいなおし

−　　＝

−　　＝

−　　＝

−　　＝

−　　＝

# ひゃくますけいさん（ひきざん）

くみ

なまえ

①

| － | 10 | 16 | 11 | 17 | 15 | 19 | 14 | 13 | 18 | 12 |
|---|---|---|---|---|---|---|---|---|---|---|
| 0 | | | | | | | | | | |
| 6 | | | | | | | | | | |
| 1 | | | | | | | | | | |
| 7 | | | | | | | | | | |
| 5 | | | | | | | | | | |
| 9 | | | | | | | | | | |
| 4 | | | | | | | | | | |
| 3 | | | | | | | | | | |
| 8 | | | | | | | | | | |
| 2 | | | | | | | | | | |

月　　日

ふん　　びょう

だい

まちがいなおし

－　＝

－　＝

－　＝

－　＝

－　＝

②

| － | 12 | 17 | 13 | 18 | 11 | 14 | 16 | 10 | 15 | 19 |
|---|---|---|---|---|---|---|---|---|---|---|
| 1 | | | | | | | | | | |
| 4 | | | | | | | | | | |
| 5 | | | | | | | | | | |
| 0 | | | | | | | | | | |
| 8 | | | | | | | | | | |
| 6 | | | | | | | | | | |
| 2 | | | | | | | | | | |
| 7 | | | | | | | | | | |
| 3 | | | | | | | | | | |
| 9 | | | | | | | | | | |

月　　日

ふん　　びょう

だい

まちがいなおし

－　＝

－　＝

－　＝

－　＝

－　＝

## 百ます計算記録表

がんばりマーク
もくひょうたっせい

なまえ（　　　　　　　　　　）
きのうよりはやい　◎
きのうとおなじ　○
きのうよりおそくなった　△

| 月　日 | もんだいすう | タイム | てんすう | がんばりマーク |
|---|---|---|---|---|
| 月　　日 | だい | 分　　秒 | 点 | |
| 月　　日 | だい | 分　　秒 | 点 | |
| 月　　日 | だい | 分　　秒 | 点 | |
| 月　　日 | だい | 分　　秒 | 点 | |
| 月　　日 | だい | 分　　秒 | 点 | |
| 月　　日 | だい | 分　　秒 | 点 | |
| 月　　日 | だい | 分　　秒 | 点 | |
| 月　　日 | だい | 分　　秒 | 点 | |
| 月　　日 | だい | 分　　秒 | 点 | |

## 百ます計算星とり表

（　　　　　ざん）

きのうの自分にちょうせん
かち……☆　しろ星　　まけ……★　くろ星

| 1日目 | 1日目 | 2日目 | 3日目 | 4日目 | 5日目 |
|---|---|---|---|---|---|
| 月日 | 月　　日 | 月　　日 | 月　　日 | 月　　日 | 月　　日 |
| タイム | 分　　秒 | 分　　秒 | 分　　秒 | 分　　秒 | 分　　秒 |
| かち<br>まけ | | | | | |

| かち | まけ |
|---|---|
| | |

5しょう……大吉（だいきち）
4しょう……中吉（ちゅうきち）
3しょう……小吉（しょうきち）
2しょう……吉　（きち）
1しょう……末吉（すえきち）
0しょう……末吉（すえきち）

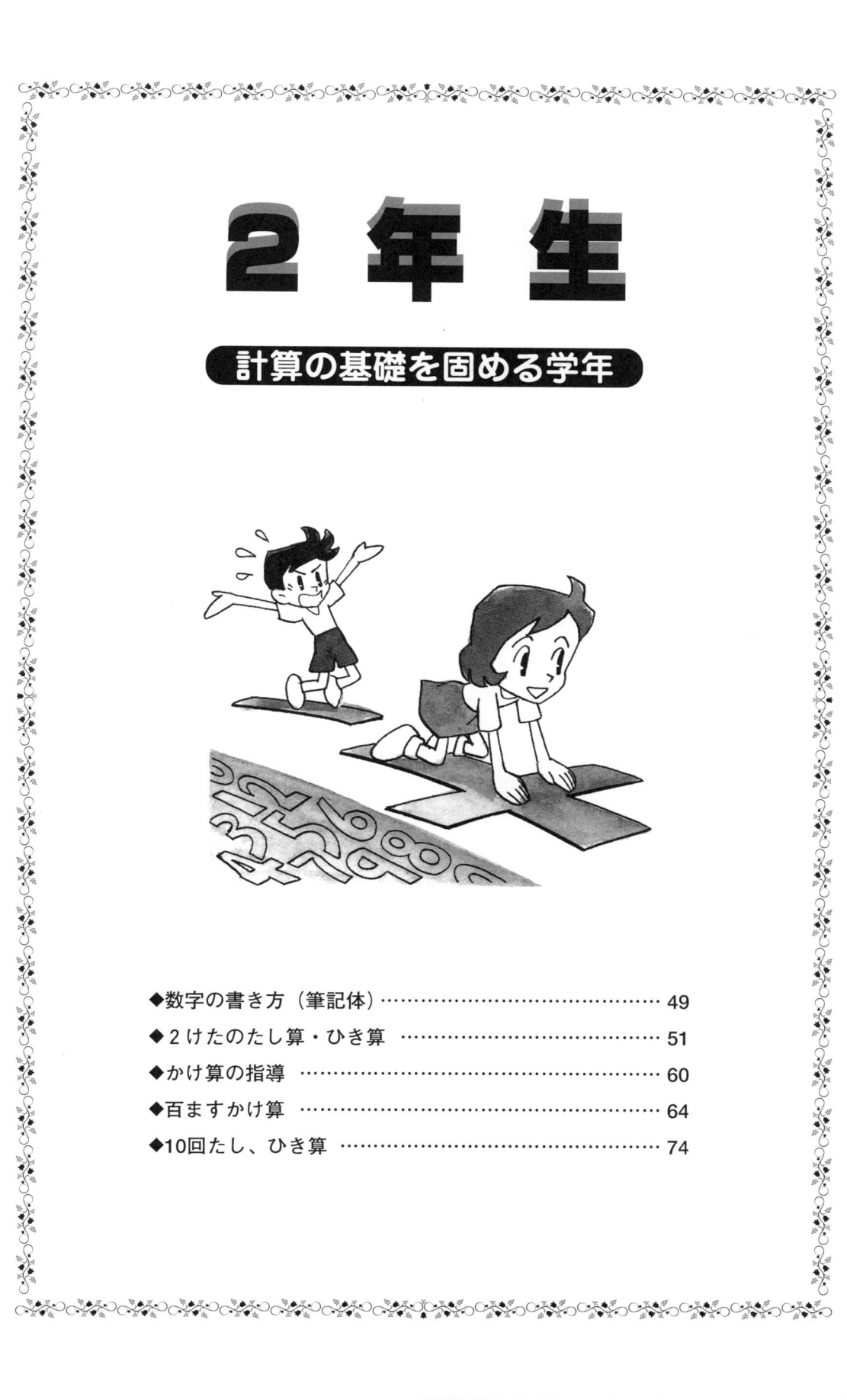

# 2年生

## 計算の基礎を固める学年

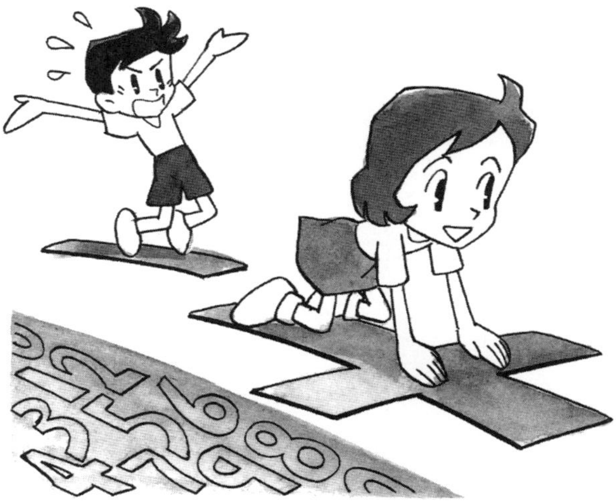

# ◈2年生の計算のポイント

### 1 基礎計算――たし算、ひき算の習熟へ

1年生で習った、たし算・ひき算をきちんと習熟させることが肝要な学年です。1年生では、具体物・半具体物を使って、ていねいに指導してきたと思います。2年生で学習する2けたどうしの計算の基礎は、1年生でのたし算・ひき算なのです。この練習をおろそかにしないで、新しい単元の計算練習だけでなく、百ます計算などを使って、しっかりと復習させたいものです。

### 2 「位取り」の認識

1年生では数字について、十進位取り記数法による2けたまでの数の表し方を習いました。2年生では、1000という4けたまでに広がります。現代の算数・数学は、十進構造でできている数を学ぶのが中心です。1、2年生で育てるべき、重要な課題が「位取り」の概念です。「位取り」の認識をきちんと獲得させたいものです。

### 3 かけ算九九の理解と習得

2年生での計算で一番重要なのが、かけ算です。かけ算の意味を学び、どういう場合に使うかを学習します。

「1あたり×いくつ分」をいろいろな例を使って理解していきます。しかし、2年生にとっては、かなりむずかしい内容なので、無理をさせないようにしたいものです。

ゆっくりとていねいに指導していきます。特に6、7、8、9の段は大事に取り扱いたいものです。それができた上で、習熟を開始します。

かけ算九九は、計算の原理やしくみがわかっただけでは、日常的に使いこなすことはできません。反射的・自動的・瞬間的に答えられるように、こつこつと練習させていくことが大切です。

# 1．数字の書き方（筆記体）

小学校の教科書にのっているのは、活字体の数字です。高学年の教科書も活字体です。しかし、大人になればほとんどが筆記体で書いています。小学校も高学年になると、我流で筆記体を書いているのです。速くきれいに書ける筆記体をきちんと習う教材はないのです。

時間を競って問題に取り組む場合も、きれいに速くが大事です。筆記体の数字をきれいに書けることは、社会にでてからも必要なことです。また、英語の筆記体を上手に書く基礎が身につくことになります。

数字の筆記体を上手に書くには、まず、「０」と「８」を練習することです。この２つの数字が上手に書くことができれば、ほかの数字もきれいに書けます。

「０」はＡの位置、右斜め上から書きはじめます。「０」をＢの位置から書くと、涙のような形になります。上がとがって、丸く書けません。ひらがなの「ひ」のように左回しで書きます。

「８」は、右上から書きはじめます。最初は左まわし、途中から右まわしに変わります。この曲線がむずかしいのです。「８」の線上を矢印方向にゆっくりとなぞり書きをして、だんだんとスピードを速くしていきます。そうすると、角張ったところが自然に丸みをおびて、「８」になっていきます。

ほかの数字もプリントを使って、練習をしていきます。

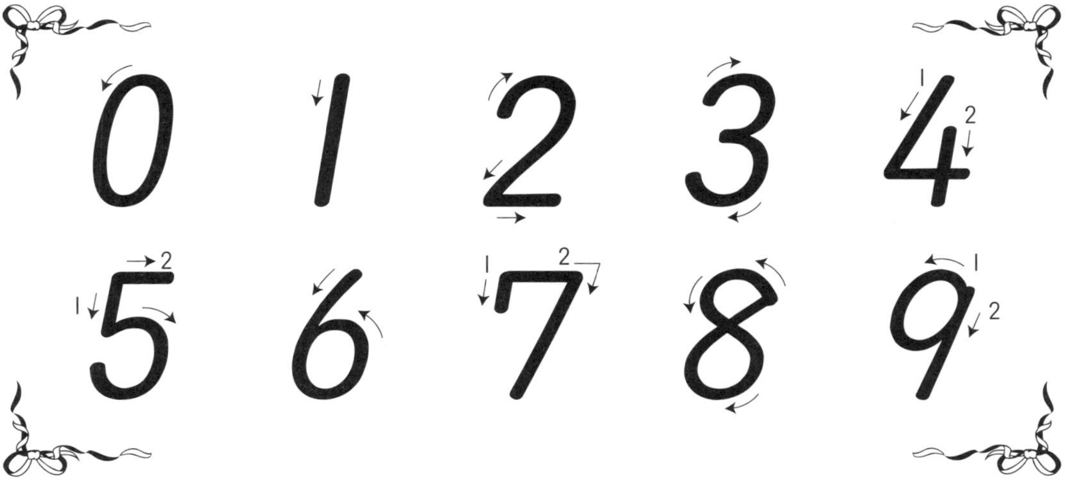

# すうじのれんしゅう

組

なまえ

| | | | | | | | | | |
|---|---|---|---|---|---|---|---|---|---|
| れい | 0 | 0 | 0 | 0 | | | | | |
| いち | 1 | 1 | 1 | 1 | | | | | |
| に | 2 | 2 | 2 | 2 | | | | | |
| さん | 3 | 3 | 3 | 3 | | | | | |
| し | 4 | 4 | 4 | 4 | | | | | |
| ご | 5 | 5 | 5 | 5 | | | | | |
| ろく | 6 | 6 | 6 | 6 | | | | | |
| しち | 7 | 7 | 7 | 7 | | | | | |
| はち | 8 | 8 | 8 | 8 | | | | | |
| く | 9 | 9 | 9 | 9 | | | | | |
| じゅう | 10 | 10 | 10 | 10 | | | | | |

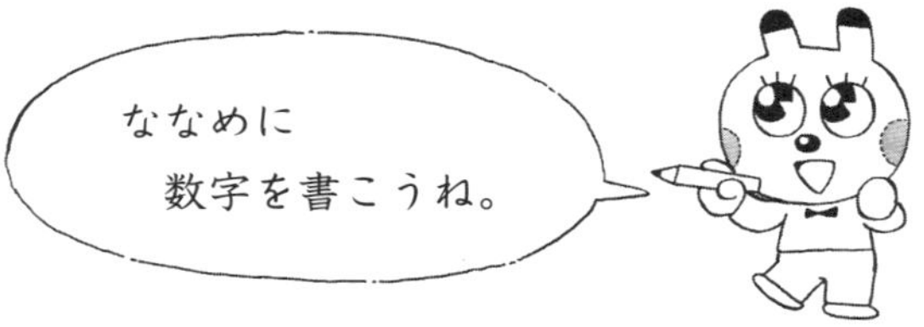

# 2. 2けたのたし算・ひき算

## 位取りに注意

2けたの数どうしのたし算で一番むずかしいのは、くり上がりのある計算です。74＋89といった問題です。2回くり上がります。ひき算では、93－46というくり下がりのある計算です。

この2けた数どうしの計算ができるには、2つのことが重要です。

1つは、1年生の基礎計算ができていること。

2けた数どうしの計算は、基本たし算・ひき算の組み合わせです。

$$\begin{array}{rr} & \boxed{2} \\ + & \boxed{3} \end{array} + \begin{array}{r} \boxed{4} \\ \boxed{9} \end{array} \rightarrow \begin{array}{rr|r} & 2 & 4 \\ + & 3 & 9 \\ \hline & & \end{array}$$

たし算の場合、0から9の組み合わせで100種類あります。0＋0などのカードがあるので、実際には、少し少なくなります。

1年生のときに習った基礎計算です。この基礎計算がみっちりできていない子は、この2けたの計算で四苦八苦します。

2つ目は、位取りの意味をつかむこと。

数がわかること、数の書き表し方がわかることの、最も基本的なことは、「位取りの原理」がわかるかどうかです。1年生の時から、十進構造でできている数については、学習してきていますが、2けたの計算を学習するときに、本当に「位取りの原理」を理解できているかどうかが、試されることになります。

できていない子には、タイル、数え棒、積み木、おはじきなどを使って、位取りの原理をもう一度復習させる必要があるでしょう。

「41＋6を筆算で解きましょう」という問題を出すと、3種類の筆算がでてきます。

ⓐ $\begin{array}{rrr} & 4 & 1 \\ + & & 6 \\ \hline \end{array}$　ⓑ $\begin{array}{rrr} & 4 & 1 \\ + & 6 & \\ \hline \end{array}$　ⓒ $\begin{array}{rrrr} & 4 & & 1 \\ + & & 6 & \\ \hline \end{array}$

わかったつもりでいても、位ごとにたすことにあいまいな子が、はっきりでてきます。それが正しいかを話し合わせることで、筆算の意味が明確になってきます。子どものミスをどう生かしていくかが大切です。

2けたの計算をすると次のようなミスが必ず出てきます。

$$\begin{array}{rrrr} & & 3 & 6 \\ + & & 4 & 8 \\ \hline & 7 & 1 & 4 \end{array}$$

「6＋8で14。3＋4で7。だから714になる」と、問題を解いた子に聞くとそう答えます。この子にとっては、6＋8の14の1は、ただの1で、10が1つという意識が弱いのです。

まずは位取りをタイルなどを使って教えることがまずは、必要です。次に、くり上がった1(10)をどこに書くかを、きっちりと教えないといけません。雑に書くと、そのことで、計算間違いをおこすことがあるからです。

1を書く位置は、大きく分けて2個所です。上に書くのと、線上や線の下に書く方法です。どちらでもいいと思いますが、定着するまで、1をきちんとていねいに大きく書かせることで、ミスが減ります。

ア　　1
　　　3 6
＋　　4 8
―――――――

イ
　　　3 6
＋　　4 8
―――――――
　　　1

　　　□
　　　3 6
＋　　4 8
―――――――

十の位の上に、くり上がりの1を書く枠を最初は書いてやっても、いいでしょう。私は、□の応用で、栗のイラストを書いたりしています。「くり(栗)上がり」の「くりちゃん」です。

2年生はこんなちょっとした工夫で、とても喜びます。そして、くり上がりの意識づけができていきます。

くり上がりがしっかり定着していれば、ひき算のくり下がりでは、位取りについては、もうよく理解できます。しかし、くり上がりより、操作がむずかしいので、十分に配慮する必要があります。

| | | |
|---|---|---|
| | □ | □ |
| | 8 | 3 |
| － | 4 | 9 |
| | | |

くり上がりといっしょで、補助記号を書く場所をきちんと指定してあげることと、雑な字で書かないことを徹底させます。

本書のプリントでは、2けたの計算、3けたの計算も、点線で枠を作ってその中に数字を書いています。答えの欄にも、線がひいてあります。これは、位取りの意識をつけるための補助線です。

慣れるまでは、この線があった方が、計算のミスが少なくてすむでしょう。

計算が定着すれば、ノートに書かせていきます。横罫のノートをたてにして、位取りの線にして利用します。

たてにそろえて、ていねいに書く習慣がつけば、横線や白い紙に、定規を使って筆算をする練習を積み重ねていきます。計算の力がついてくると、数字をていねいに、どうノートや紙に書くかで、ミスの度合いが、変わってきます。

# たし算
## （くり上がりなし）

組

なまえ

つぎの計算をしましょう。

| ① | ② | ③ | ④ | ⑤ |
|---|---|---|---|---|
| 63 | 87 | 23 | 42 | 41 |
| ＋ 5 | ＋ 2 | ＋ 6 | ＋ 6 | ＋ 5 |

| ⑥ | ⑦ | ⑧ | ⑨ | ⑩ |
|---|---|---|---|---|
| 51 | 35 | 74 | 24 | 58 |
| ＋ 7 | ＋ 0 | ＋ 3 | ＋ 5 | ＋ 1 |

| ⑪ | ⑫ | ⑬ | ⑭ | ⑮ |
|---|---|---|---|---|
| 74 | 61 | 72 | 86 | 35 |
| ＋ 2 | ＋ 8 | ＋ 6 | ＋ 1 | ＋ 2 |

| ⑯ | ⑰ | ⑱ | ⑲ | ⑳ |
|---|---|---|---|---|
| 24 | 53 | 43 | 80 | 66 |
| ＋ 4 | ＋ 5 | ＋ 1 | ＋ 3 | ＋ 2 |

| ㉑ | ㉒ | ㉓ | ㉔ | ㉕ |
|---|---|---|---|---|
| 45 | 75 | 17 | 33 | 15 |
| ＋ 2 | ＋ 4 | ＋ 2 | ＋ 5 | ＋ 3 |

一のくらいをたし算するんだよ。

# たし算
## （くり上がりあり）

組

なまえ

つぎの計算をしましょう。

① 18 ＋ 5

② 57 ＋ 6

③ 68 ＋ 9

④ 38 ＋ 8

⑤ 24 ＋ 8

⑥ 48 ＋ 3

⑦ 81 ＋ 9

⑧ 25 ＋ 9

⑨ 64 ＋ 7

⑩ 76 ＋ 9

⑪ 34 ＋ 7

⑫ 75 ＋ 8

⑬ 46 ＋ 5

⑭ 83 ＋ 7

⑮ 57 ＋ 5

⑯ 17 ＋ 7

⑰ 68 ＋ 7

⑱ 52 ＋ 9

⑲ 36 ＋ 7

⑳ 85 ＋ 5

㉑ 47 ＋ 5

㉒ 14 ＋ 6

㉓ 28 ＋ 8

㉔ 19 ＋ 5

㉕ 72 ＋ 8

くり上がりがあるよ。

# たし算
## (くり上がり1回)

| | |
|---|---|
| | 組 |
| なまえ | |

つぎの計算をしましょう。

| | | | | |
|---|---|---|---|---|
| ① 49 ＋ 39 | ② 23 ＋ 69 | ③ 76 ＋ 18 | ④ 16 ＋ 15 | ⑤ 54 ＋ 17 |
| ⑥ 52 ＋ 19 | ⑦ 44 ＋ 49 | ⑧ 26 ＋ 48 | ⑨ 32 ＋ 28 | ⑩ 37 ＋ 34 |
| ⑪ 56 ＋ 27 | ⑫ 72 ＋ 18 | ⑬ 62 ＋ 19 | ⑭ 12 ＋ 19 | ⑮ 22 ＋ 59 |
| ⑯ 27 ＋ 35 | ⑰ 29 ＋ 49 | ⑱ 48 ＋ 18 | ⑲ 34 ＋ 47 | ⑳ 18 ＋ 29 |
| ㉑ 35 ＋ 16 | ㉒ 28 ＋ 14 | ㉓ 48 ＋ 47 | ㉔ 37 ＋ 15 | ㉕ 31 ＋ 59 |

くり上がった数をたすんだよ。

# たし算
## (くり上がり2回)

| | | 組 |
|---|---|---|
| | なまえ | |

つぎの計算をしましょう。

| | | | |
|---|---|---|---|
| ① 67 ＋ 76 | ② 93 ＋ 39 | ③ 24 ＋ 86 | ④ 34 ＋ 98 |
| ⑤ 86 ＋ 17 | ⑥ 28 ＋ 72 | ⑦ 15 ＋ 87 | ⑧ 84 ＋ 26 |
| ⑨ 39 ＋ 64 | ⑩ 45 ＋ 67 | ⑪ 67 ＋ 95 | ⑫ 49 ＋ 52 |
| ⑬ 74 ＋ 39 | ⑭ 57 ＋ 83 | ⑮ 57 ＋ 68 | ⑯ 14 ＋ 97 |
| ⑰ 99 ＋ 45 | ⑱ 87 ＋ 35 | ⑲ 65 ＋ 37 | ⑳ 74 ＋ 78 |

くり上がりが2回あるよ。

# ひき算
## （くり下がりなし）

組

なまえ

つぎの計算をしましょう。

① 14 − 2 =
② 41 − 1 =
③ 99 − 5 =
④ 58 − 6 =
⑤ 27 − 7 =

⑥ 33 − 3 =
⑦ 68 − 2 =
⑧ 76 − 5 =
⑨ 38 − 7 =
⑩ 55 − 4 =

⑪ 56 − 3 =
⑫ 42 − 1 =
⑬ 17 − 3 =
⑭ 98 − 4 =
⑮ 79 − 9 =

⑯ 25 − 4 =
⑰ 64 − 3 =
⑱ 86 − 5 =
⑲ 65 − 2 =
⑳ 28 − 6 =

㉑ 34 − 4 =
㉒ 84 − 3 =
㉓ 99 − 3 =
㉔ 88 − 8 =
㉕ 74 − 2 =

1年生のおさらいだよ。

# ひき算
## （くり下がりあり）

組

なまえ

つぎの計算をしましょう。

|  |  |  |  |  |
|---|---|---|---|---|
| ① 65 − 9 | ② 74 − 8 | ③ 33 − 4 | ④ 34 − 5 | ⑤ 93 − 5 |
| ⑥ 54 − 6 | ⑦ 94 − 7 | ⑧ 72 − 4 | ⑨ 81 − 6 | ⑩ 70 − 6 |
| ⑪ 21 − 7 | ⑫ 58 − 9 | ⑬ 73 − 7 | ⑭ 38 − 9 | ⑮ 55 − 6 |
| ⑯ 56 − 7 | ⑰ 87 − 8 | ⑱ 32 − 6 | ⑲ 23 − 4 | ⑳ 83 − 9 |
| ㉑ 80 − 4 | ㉒ 72 − 8 | ㉓ 91 − 9 | ㉔ 51 − 5 | ㉕ 75 − 7 |

くり下がりがあるから、気をつけてね。

# ひき算
## （くり下がりあり）

組

なまえ

つぎの計算をしましょう。

①
```
  56
- 30
```
②
```
  49
- 18
```
③
```
  39
- 12
```
④
```
  85
- 30
```
⑤
```
  78
- 67
```
⑥
```
  55
- 22
```
⑦
```
  63
- 53
```
⑧
```
  55
- 14
```
⑨
```
  98
- 35
```
⑩
```
  40
- 20
```

---

⑪
```
  64
- 27
```
⑫
```
  21
- 13
```
⑬
```
  43
- 17
```
⑭
```
  95
- 37
```
⑮
```
  24
- 18
```
⑯
```
  66
- 38
```
⑰
```
  80
- 35
```
⑱
```
  60
- 29
```
⑲
```
  77
- 68
```
⑳
```
  65
- 28
```
㉑
```
  20
- 14
```
㉒
```
  35
- 27
```
㉓
```
  84
- 56
```
㉔
```
  96
- 59
```
㉕
```
  97
- 69
```

⑪からはくり下がりがあるからね。

# 3. かけ算の指導

## 2年生最大の課題・かけ算九九

かけ算には3つの意味があります。

第1は、1あたりの数×いくつ分＝全体の数、を出すため。第2は面積。たての長さ×横の長さ＝面積、を求める時です。第3は、倍を求める時です。3㎝の4倍は12㎝という場合です。

「1あたりの数×いくつ分＝全体の数」が、基本的なかけ算の意味です。かけ算を学ぶ子どもたちの頭の中には、まだたし算とひき算の概念しかありません。かけ算は子どもたちに新しい認識の世界を開くものです。

自分の身のまわりから「同じ物が◯ずつの集まりが□つ」を見つけることなどで、子どもたちはかけ算に興味をもってきます。

かけ算は2の段からはじめるのが自然です。子どもたちの知っているもので、2つずつで1組になっているものを考えさせます。「自転車の車輪・手・足・耳・牛の角・めがねのレンズ・箸」などたくさんできます。紙に絵を描いて、九九の唱え方やかけ算の式も書いて覚えていきます。「1あたり×いくつ分」の意味を、子どもたちの興味をひくものを利用しながら指導していきたいものです。

はじめに練習する2・3・4・5の段あたりは、よく覚えています。むずかしい段は、6・7・8の段です。6・7・8の段は、日常生活で使うことがあまりなく、子どもたちになじみが少ないようです。

「しちいち　が　しち」「しちに　じゅうし」と発音しにくいことも、余計に間違える子がでてくるのだと思います。

前述の川島先生の研究では、単純な計算をしているときでも、ものごとを考えたり、覚えたりするときに働く前頭前《ぜんとうぜん》野《や》が、左右両側の脳でたくさん働いているというのです。計算がたし算、ひき算、かけ算でも働いている部分はだいたい同じです。

しかし、かけ算のときには、言葉を作り出す場所（ブローカ野）が働いています。日本人は、かけ算を九九の言葉の調子で覚えます。だから、言葉に関係する脳の部分が働くのではないかと考えられています。

さらに国語学者の金田一春彦先生は、『ホンモノの日本語を話していますか？』の中で次のように書いています。

《…日本語では、「いち」「に」「さん」「し」と「じゅう」まで行く。「じゅう」と「いち」を足すと「じゅういち」になる。「じゅう」と「に」を足したら「じゅうに」になる。こんな覚えやすい数の表し方は欧米ではない。英語では「テン」と「ワン」

を足したらどうなるか。「テンワン」とは言わない。「イレブン」と全然別の言葉である。「にじゅう」「さんじゅう」でも、日本語では「じゅう」を2倍したら「にじゅう」3倍したら「さんじゅう」。これはやさしい。英語の方は「じゅう」を2倍したら「トウテン」ではなく、「トウエンテイ」、「じゅう」を3倍したら「スリーテン」ではなく「サーテイ」。欧米の人は、「じゅうさん」の「サーテイーン」を「さんじゅう」の「サーテイ」と間違いやすいと言うが、これは無理ない話である。

日本人にかけ算は実にやさしい。なぜかと言うと、九九というものがある。「二二が4」「二三が6」、あれを唱えていけば、難しいかけ算がどんどんできてしまう。こういったものは欧米にはない。…》

かけ算練習は、3学期も練習にあてるようにしたいものです。追い立ててできなかった、だめなんだと子どもたちに思わせないようにしたいのです。12月になると気が焦ります。まだ8の段、9の段が残っている、早くやってしまわなければと急いでしまい、家での練習を中心にするとできない子が増えます。12月中にできるにこしたことはありませんが、3学期になっても練習をつづけることが大切でしょう。

2年生では、「かけ算九九」より大事な課題はないのです。教師や子どもの努力にもかかわらず、2年生で終了しない子もいます。その子には、「自分はだめだ。計算ができない」と思わせない配慮が必要です。「3年生の最初にまた、練習するんだよ。そのとき言えればいいよ」と声をかけ、家庭とも協力して少しずつ練習させていきます。

プリントをするときの注意として、早くできる子のペースにひきずられないことです。「こんなんできる」「もっとしよう」というそんな声にかくれて、「できない」「もっとゆっくりしたい」という子の声を忘れずにいたいものです。正確にできれば、すぐに早くできるようになります。

## 九九を「唱える」言葉の指導

九九がいいにくい子は、音読が苦手な子が多いようです。言葉に対しての苦手意識があります。九九を唱えさせるときも、細かな指導が必要です。

2の段を見ると　二一が2　二二が4　二三が6　二四が8　と最初の4つに「が」がついています。この「が」があると調子よく言いやすく、覚えやすいということもありますが、「が」がつく九九は、答えが必ず1けたです。こういうことを子どもたちと発見しても、おもしろいのかもしれません。

唱え方は統一されていません。とくにかける数が「8」の場合は言い方がちがいます。

一八　8（いんはち8）
二八　16（にはち16）

三八　24（さんぱ24）
四八　32（しは32）
五八　40（ごは40）
六八　48（ろくは48）
七八　56（しちは56）
八八　64（はっぱ64）
九八　72（くは72）

「８」以外でも、特別な言い方があります。

１の段では、一一が１（いんいちが１）　３の段では、三三が９（さざんが９）　三六18（さぶろく18）　５の段では、五九45（ごっく45）　６の段では、六九54（ろっく54）があります。

はじめて九九に出会う子どもにとって、唱え方で迷ってしまう子もいますので、ていねいに教えたいものです。

## かけ算の秘密

２の段、３の段、５の段が終わったら、それぞれの段の答えに着目します。

２の段の答えは、２・４・６・８となり、さらに２×６以降の答えの１の位は、２・４・６・８とくり返しになっています。

| | | |
|---|---|---|
| 2×1＝2 | 3×1＝3 | 5×1＝5 |
| 2×2＝4 | 3×2＝6 | 5×2＝10 |
| 2×3＝6 | 3×3＝9 | 5×3＝15 |
| 2×4＝8 | 3×4＝12 | 5×4＝20 |
| 2×5＝10 | 3×5＝15 | 5×5＝25 |
| 2×6＝12 | 3×6＝18 | 5×6＝30 |
| 2×7＝14 | 3×7＝21 | 5×7＝35 |
| 2×8＝16 | 3×8＝24 | 5×8＝40 |
| 2×9＝18 | 3×9＝27 | 5×9＝45 |
| 2×10＝20 | 3×10＝30 | 5×10＝50 |

３の段は３・６・９となっています。次に答えの12を十の位と一の位をたしてみます。1＋2＝3となり、15は、1＋5＝6となります。

５の段は、１の位が０・５のくり返しになっています。

また２の段、３の段、５の段の答えを横に子どもに見せてください。2＋3＝5　4＋6＝10　と２の段と３の段の答えをたすと、５の段の答えになっているのがわかります。

他の段にもこのような、数のきまりがたくさんあります。九九は暗記だけでなく、数の不思議さ、おもしろさを伝えていくよい教材でもあります。

## 指かけ算

私たちの祖先は、数の考えを獲得し、それを発展させてくる時に、両手、両足の指をたくみに利用してきました。

かける数が「９」の場合は、指かけ算でかんたんにできるのです。３×９＝27を例に見てみましょう。

両手を広げて、左から３番目の指をおります。左手の中指です。すると、そのおった指の左に、左手の親指と人さし指があります。左手の中指の右側には、薬指と小指、そして右手の５本、あわせて７本があります。答えは、左手中指の左側の2と右側の7で、27となります。

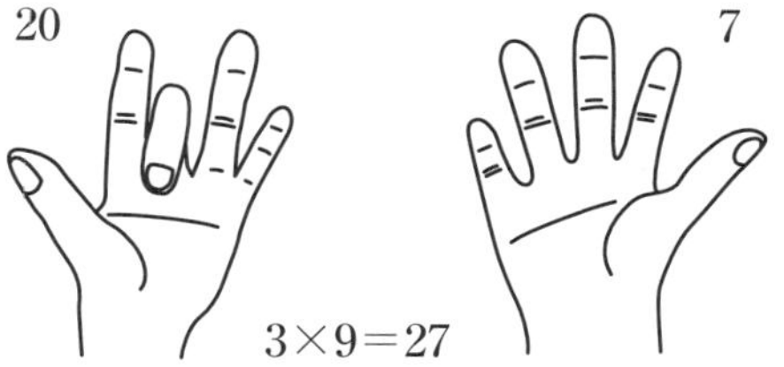


8×9＝72なら、左から数えて8番目、右手の中指をおります。右手中指の左側が7、右側が2で、72です。

なぜ、こんなに簡単に答えがでるのでしょうか。2×9で説明しましょう。

2と9の積の十の位は、2より1少ない。答えの十の位の数字と1の位の数字の数との和は9になっているのです。

2×9の答えを出すのに、左から2番目の指をおれば、その左は2より1小さい、1本の指がたっていることになります。これが十の位の答えです。

そして、10本の指から1本の指をおったのですから、全体では9本の指がたっているわけで、9から十の位の1をひけば、1の位の数字になるのです。

本当に数字って不思議ですね。

| |
|---|
| 1×9＝　9 |
| 2×9＝18 |
| 3×9＝27 |
| 4×9＝36 |
| 5×9＝45 |
| 6×9＝54 |
| 7×9＝63 |
| 8×9＝72 |
| 9×9＝81 |

もう1つ、指かけ算を紹介しましょう。

この指かけ算は、かけられる数、かける

数が6以上のむずかしい場合に使えるのです。

9×6で説明しましょう。

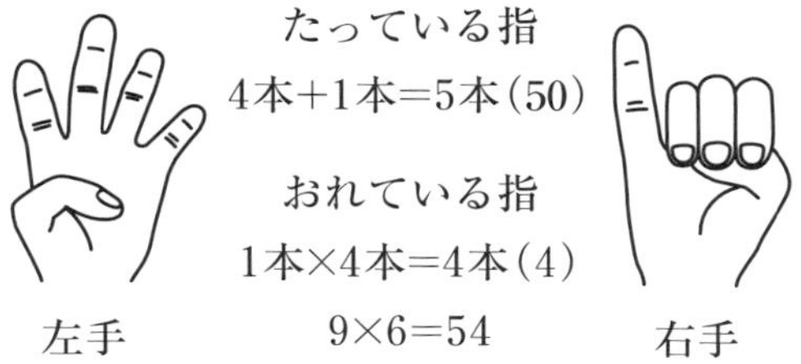


まず、左手の指を全部開いて出します。9を指であらわします。親指から1、2、3と指をおっていきます。5で「グー」になりました。6で小指をたてて、7、8、9と4本指がたったと思います。親指だけがおれています。

次に右手を出します。6をあらわします。親指からです。1、2、3、4、5で「グー」になりました。6で小指をたてます。

左手に立っている指が4本、右手に立っている指が1本で合わせて5本だから、50とします。左手に折れている指が1本、右手に折れている指が4本でこちらは、かけ算をして、1×4で4。立っている指が50と折れている指が4で、54です。9×6＝54でぴったりです。

少し、むずかしいのが、6×6と、6×7です。6×6は立っている指が合わせて2本で20。折れている指が4×4で16。20と16を合わせて、36になります。6×7も同様ですが、2けたの計算になるので、少しとまどうかもしれません。

# 4. 百ますかけ算

九九は覚えただけでは、未完成です。どんな九九を言われても、瞬時に答えられるようになっておかなければ、楽に活用することはできないのです。そのためには、うんと練習を重ねなければなりません。その練習には、百ます計算を用いると便利です。

むろんかけ算の九九は、２年生の最重要教材ですからどの学級でも力を入れてていねいに指導されているはずです。九九のカードなども利用して練習が積み重ねられていると思います。

## 百ます計算（かけ算）の指導手順

### ①九九を正確に速く唱える

まずは、九九のチェックテストをします。それぞれの子がどこで、つまずいているかを把握します。また、九九の100問プリントをどのぐらいの時間でできるかも調べます。

九九の指導は概して、２から５の段は比較的時間をかけて指導しても、６から９の段は手早くすませてしまう場合があります。チェックテストをしてみると、６から８の段になると、間違いが多くなります。

特に、九九の定着ができていない子には、九九カードを使って、もう一度、どの九九が言えないのかを調べ、できていないカードだけをリングに閉じておきます。休み時間や放課後に練習させたり、定着できてないカードを中心に、家でも練習ができるように、家庭と連絡をとります。

### ②6から8の段のプリント練習

唱えることと合わせて、九九で間違いの多い６から８の段のプリントで練習します(68ページにあります)。

６から８の段の九九を混ぜて作ってあります。このプリントを正しくできるように練習します。学校で１枚、家で１枚くらいを、３日間もやればいいでしょう。

### ③2から9の段も入れたプリント練習

九九が唱えられ、間違いなく書けるようになったら、１から５の段、２から０の段をごちゃまぜに作ってあるプリントで練習し、確実に九九ができるようにします。間違った問題は必ず、間違い直しをさせます。

### ④百ます計算へ

百ます計算は自分で問題づくりができ、小さなスペースでたくさんの問題ができる、とてもよい方法です。

しかし、いきなりはじめると、どれとどれをかけていいのかが分からず、とまどってしまうことがあります。上欄と左欄の数字を結び、素早く計算をしなければなりません。慣れないと問題を進めていくうちに、どこをやっているか分からなくなってしまうのです。

**a．みんなでする**

そこで最初は9ます計算からはじめます。70ページにあるミニます計算を使います。

子どもたちはプリントのますに、教師が板書する数字を書きます。

そして子どもたちといっしょに「6×6＝36、6×2＝12」と、唱えながら答えを書きこんでいきます。答えを書きながら、目と手と耳とで、ます計算のやり方を理解していきます。

**b．ますを増やす**

9ます計算の下には、25ます計算があります。少しずつ問題に数を増やしていくのです。一度に百ますにすると、計算の遅い子は集中が続かず、かなり時間がかかってしまいます。

25ます計算の次は、64ます計算があります。子どもの様子を見ながら、段を増やしていけばよいのです。

**c．いよいよ百ますに挑戦**

百ます計算に取り組める基礎づくりができました。さあ、百ますに取りかかります。

「今から、100問をすることにします。あわてなくてよいですから、落ち着いて書いてください。でも、している途中にひと休みをしたり、よそ見をしたりしてはいけません。

全部できたら、元気よく『ハイ』と手をあげてください。先生がタイムをいいますから、《　分　秒》と書いてあるところに、先生が言ったタイムを書き込んでおきましょう。

早くできた人は、下にあるカットに色をぬって待っていてください。おしゃべりをすると、がんばってやっている人の邪魔になります。ぬれた人は、机の中に入れてある本を読んでいてください。ではよーい、ドン」

教室がシーンとして、カリカリという鉛筆の音だけが響きます。練習を積んできていますが、時間がかかる子もいるので、10分で打ち切ります。

できていない子は終わったところで、赤線を引かせておきます。

「10分たったので、答え合わせをします。まだ、全部できていない子もいますが、これから練習していくともっと速くできるようになってきますから、安心していてください。それでは、答え合わせをします」と話をして、黒板に答えを書きながら、答え合わせをしていきます。間違ったところだけ、×をつけます。答え合わせが終われば、点数を書きこみます。そして、間違い直しをさせます。

**d．毎日練習する**

百ます計算では、２年生では、４分以内を目標にします。全員がその時間でできるようになるには、100回くらいやる必要があります。ちょうど１万題です。単に100回やるのではあきてしまいますから、１回ずつの所要時間を書きとめて、前回の記録や、10回前の記録と比べて、自分がどれだけ速くなっているかを知ると、もっと速くできるようにがんばろうという意欲がでてきます。

# かけ算九九
## (1、2、3、4、5の段)

組

なまえ

かけ算をしましょう。

① 4×0＝
② 2×0＝
③ 5×0＝
④ 2×8＝
⑤ 5×1＝
⑥ 3×2＝
⑦ 1×2＝
⑧ 4×7＝
⑨ 5×2＝
⑩ 3×7＝
⑪ 5×3＝
⑫ 3×9＝
⑬ 1×6＝
⑭ 4×9＝
⑮ 2×9＝
⑯ 1×0＝
⑰ 4×1＝
⑱ 2×1＝
⑲ 4×8＝
⑳ 1×7＝
㉑ 3×6＝
㉒ 3×0＝
㉓ 1×4＝
㉔ 4×6＝
㉕ 2×4＝
㉖ 5×4＝
㉗ 3×8＝
㉘ 5×6＝
㉙ 2×7＝
㉚ 4×2＝
㉛ 1×1＝
㉜ 3×1＝
㉝ 2×2＝
㉞ 5×5＝
㉟ 1×8＝
㊱ 4×5＝
㊲ 2×5＝
㊳ 3×3＝
㊴ 4×3＝
㊵ 1×5＝
㊶ 5×7＝
㊷ 2×3＝
㊸ 5×8＝
㊹ 2×6＝
㊺ 1×9＝
㊻ 1×3＝
㊼ 3×4＝
㊽ 4×4＝
㊾ 3×5＝
㊿ 5×9＝

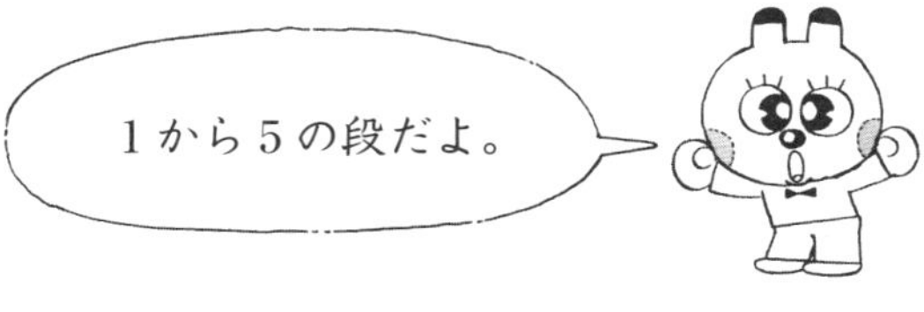

# かけ算九九
## (6、7、8、9、0の段)

組

なまえ

かけ算をしましょう。

① 9×0＝
② 0×0＝
③ 6×1＝
④ 8×0＝
⑤ 9×5＝
⑥ 7×2＝
⑦ 8×6＝
⑧ 0×1＝
⑨ 6×0＝
⑩ 0×2＝
⑪ 7×6＝
⑫ 9×6＝
⑬ 0×3＝
⑭ 9×1＝
⑮ 6×9＝
⑯ 8×7＝
⑰ 7×9＝
⑱ 8×1＝
⑲ 6×2＝
⑳ 9×7＝
㉑ 7×0＝
㉒ 0×4＝
㉓ 8×2＝
㉔ 7×4＝
㉕ 6×7＝
㉖ 0×5＝
㉗ 8×5＝
㉘ 0×6＝
㉙ 6×3＝
㉚ 9×4＝
㉛ 7×1＝
㉜ 7×8＝
㉝ 9×2＝
㉞ 6×4＝
㉟ 8×3＝
㊱ 7×7＝
㊲ 6×6＝
㊳ 8×8＝
㊴ 7×5＝
㊵ 8×4＝
㊶ 6×8＝
㊷ 0×7＝
㊸ 9×3＝
㊹ 7×3＝
㊺ 6×5＝
㊻ 9×8＝
㊼ 8×9＝
㊽ 0×8＝
㊾ 9×9＝
㊿ 0×9＝

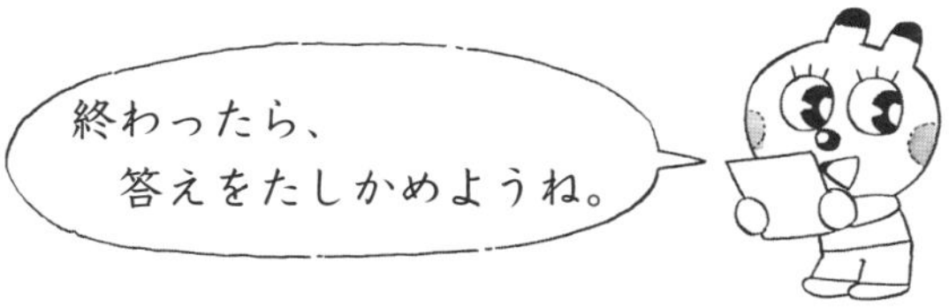

# かけ算九九
## (6、7、8の段)

組

なまえ

かけ算をしましょう。

① 7×0＝
② 8×7＝
③ 6×8＝
④ 6×7＝
⑤ 7×8＝
⑥ 6×6＝
⑦ 8×0＝
⑧ 6×4＝
⑨ 6×3＝
⑩ 7×1＝
⑪ 8×6＝
⑫ 7×3＝
⑬ 8×5＝
⑭ 6×0＝
⑮ 7×8＝
⑯ 6×7＝
⑰ 7×0＝
⑱ 8×8＝
⑲ 6×0＝
⑳ 8×6＝
㉑ 7×9＝
㉒ 6×4＝
㉓ 7×3＝
㉔ 6×3＝
㉕ 6×8＝
㉖ 7×2＝
㉗ 8×1＝
㉘ 7×4＝
㉙ 7×9＝
㉚ 8×1＝
㉛ 8×8＝
㉜ 8×9＝
㉝ 7×7＝
㉞ 7×4＝
㉟ 6×5＝
㊱ 8×5＝
㊲ 6×1＝
㊳ 6×9＝
㊴ 8×2＝
㊵ 7×1＝
㊶ 7×5＝
㊷ 8×4＝
㊸ 6×1＝
㊹ 6×5＝
㊺ 6×9＝
㊻ 8×9＝
㊼ 6×6＝
㊽ 7×5＝
㊾ 7×6＝
㊿ 7×7＝
51 7×2＝
52 8×4＝
53 6×2＝
54 8×7＝
55 7×6＝
56 8×3＝
57 6×2＝
58 8×2＝
59 8×0＝
60 8×3＝

まちがいやすい6、7、8の段だよ。

# かけ算九九テスト

なまえ（　　　　　　　　）　　　点

① 8×9＝
② 0×8＝
③ 2×0＝
④ 3×3＝
⑤ 6×0＝
⑥ 5×2＝
⑦ 5×1＝
⑧ 8×5＝
⑨ 1×0＝
⑩ 0×6＝
⑪ 3×0＝
⑫ 1×1＝
⑬ 4×3＝
⑭ 1×9＝
⑮ 2×5＝
⑯ 2×6＝
⑰ 2×9＝
⑱ 2×3＝
⑲ 8×0＝
⑳ 2×4＝
㉑ 5×7＝
㉒ 5×3＝
㉓ 3×6＝
㉔ 6×1＝
㉕ 1×7＝
㉖ 6×6＝
㉗ 6×7＝
㉘ 9×3＝
㉙ 6×5＝
㉚ 8×3＝
㉛ 7×2＝
㉜ 7×4＝
㉝ 9×4＝
㉞ 7×5＝
㉟ 9×1＝
㊱ 0×7＝
㊲ 9×6＝
㊳ 5×0＝
㊴ 0×3＝
㊵ 4×9＝
㊶ 8×6＝
㊷ 4×8＝
㊸ 6×8＝
㊹ 3×2＝
㊺ 4×1＝
㊻ 2×8＝
㊼ 0×5＝
㊽ 0×2＝
㊾ 8×2＝
㊿ 1×2＝
(51) 3×9＝
(52) 4×4＝
(53) 7×8＝
(54) 6×4＝
(55) 5×9＝
(56) 9×0＝
(57) 7×0＝
(58) 2×1＝
(59) 1×3＝
(60) 2×7＝
(61) 7×9＝
(62) 3×8＝
(63) 9×5＝
(64) 6×2＝
(65) 3×5＝
(66) 4×0＝
(67) 4×6＝
(68) 0×0＝
(69) 8×4＝
(70) 5×5＝
(71) 8×7＝
(72) 5×6＝
(73) 0×1＝
(74) 4×2＝
(75) 5×8＝
(76) 3×1＝
(77) 9×2＝
(78) 9×8＝
(79) 3×4＝
(80) 4×7＝
(81) 9×7＝
(82) 7×6＝
(83) 5×4＝
(84) 9×9＝
(85) 0×9＝
(86) 1×4＝
(87) 8×8＝
(88) 1×8＝
(89) 1×5＝
(90) 8×1＝
(91) 2×2＝
(92) 3×7＝
(93) 1×6＝
(94) 4×5＝
(95) 6×9＝
(96) 7×3＝
(97) 0×4＝
(98) 6×3＝
(99) 7×7＝
(100) 7×1＝

かけ算100問だ、がんばれ。

# ます計算(かけ算)

組

なまえ

## 9ます計算
(ありさんコース)

①

| × | 4 | 7 | 0 |
|---|---|---|---|
| 5 | | | |
| 8 | | | |
| 1 | | | |

②

| × | 5 | 2 | 8 |
|---|---|---|---|
| 3 | | | |
| 0 | | | |
| 6 | | | |

③

| × | 6 | 3 | 9 |
|---|---|---|---|
| 4 | | | |
| 7 | | | |
| 2 | | | |

## 25ます計算
(うさぎさんコース)

④

| × | 5 | 1 | 7 | 2 | 8 |
|---|---|---|---|---|---|
| 0 | | | | | |
| 3 | | | | | |
| 6 | | | | | |
| 4 | | | | | |
| 9 | | | | | |

⑤

| × | 5 | 0 | 3 | 7 | 9 |
|---|---|---|---|---|---|
| 6 | | | | | |
| 1 | | | | | |
| 4 | | | | | |
| 2 | | | | | |
| 8 | | | | | |

# ます計算（かけ算）

| | |
|---|---|
| | 組 |
| なまえ | |

## 64ます計算（くまさんコース）

①

| × | 5 | 1 | 7 | 2 | 8 | 4 | 0 | 3 |
|---|---|---|---|---|---|---|---|---|
| 0 | | | | | | | | |
| 3 | | | | | | | | |
| 6 | | | | | | | | |
| 4 | | | | | | | | |
| 9 | | | | | | | | |
| 7 | | | | | | | | |
| 1 | | | | | | | | |
| 8 | | | | | | | | |

まちがいなおし

× ＝

× ＝

× ＝

× ＝

× ＝

②

| × | 3 | 9 | 0 | 8 | 1 | 6 | 2 | 4 | 7 | 5 |
|---|---|---|---|---|---|---|---|---|---|---|
| 9 | | | | | | | | | | |
| 7 | | | | | | | | | | |

# 百ます計算（かけ算）

組

なまえ

ぞうさんコース

| × | 3 | 9 | 0 | 8 | 1 | 6 | 2 | 4 | 7 | 5 |
|---|---|---|---|---|---|---|---|---|---|---|
| 8 | | | | | | | | | | |
| 9 | | | | | | | | | | |
| 7 | | | | | | | | | | |
| 2 | | | | | | | | | | |
| 1 | | | | | | | | | | |
| 4 | | | | | | | | | | |
| 0 | | | | | | | | | | |
| 3 | | | | | | | | | | |
| 5 | | | | | | | | | | |
| 6 | | | | | | | | | | |

月　日

ふん　びょう

だい

まちがいなおし

×　＝

×　＝

×　＝

×　＝

×　＝

# 百ます計算（かけ算）

組

なまえ

①

| × | 5 | 9 | 3 | 6 | 2 | 4 | 7 | 0 | 8 | 1 |
|---|---|---|---|---|---|---|---|---|---|---|
| 5 | | | | | | | | | | |
| 9 | | | | | | | | | | |
| 3 | | | | | | | | | | |
| 6 | | | | | | | | | | |
| 2 | | | | | | | | | | |
| 4 | | | | | | | | | | |
| 7 | | | | | | | | | | |
| 0 | | | | | | | | | | |
| 8 | | | | | | | | | | |
| 1 | | | | | | | | | | |

月　日

ふん　びょう

だい

まちがいなおし

×　＝

×　＝

×　＝

×　＝

×　＝

②

| × | 5 | 6 | 9 | 7 | 4 | 2 | 0 | 3 | 1 | 8 |
|---|---|---|---|---|---|---|---|---|---|---|
| 8 | | | | | | | | | | |
| 0 | | | | | | | | | | |
| 7 | | | | | | | | | | |
| 6 | | | | | | | | | | |
| 5 | | | | | | | | | | |
| 1 | | | | | | | | | | |
| 4 | | | | | | | | | | |
| 9 | | | | | | | | | | |
| 2 | | | | | | | | | | |
| 3 | | | | | | | | | | |

月　日

ふん　びょう

だい

まちがいなおし

×　＝

×　＝

×　＝

×　＝

×　＝

# 5. 10回たし、ひき算

## 10回たし、ひき算練習の意義

わり算の基礎は、九九の定着とひき算です。百ます計算で１けたのたし算、ひき算の練習ができた後、けた数の増えた計算にも習熟させていく必要があります。

そこで効果的なのが、10回たし算と10回ひき算です。

## 10回たし算のやり方

任意の２けたの数を最上欄に書きます。75ページのプリントには、54のたし算があります。54の下に同じく、54を書き、その和を筆算で求めさせます。答えを出したら、その下にまた54を書くのです。そして、またたし算をします。

つぎつぎにたしていくと、10回目には、その答えが元の数の10倍になります。途中で間違うと540になりません。もう１回よく見直して訂正していくと、必ず540になります。いやおうなく検算もやるようになります。

ときどき、ごまかす（？）子がでてくることがあります。その時には、途中の答えを調べていくとすぐにわかります。真ん中から後半にまちがうことが多いようです。

## 10回ひき算のやり方

問題のだし方は任意の２けたの数を10倍し、それを一番上に書きます。その数から任意に定めた数をひきます。76ページのプリントでは、610が書いてあります。610－61で549になります。その答えを書いたら、また同じ数をひきます。

この手順をくり返していくと、最後には答えが０になります。それができれば、途中の計算はすべて正しくできたということが確認できます。

たし算よりもひき算の方が、慣れるのに時間がかかるようですが、練習をしていくとかなり速い時間でできるようになります。

この10回たし算には、たし算のすべての型がでてきます。

10回たした時の答えは、元の数の10倍になっていますから、答え合わせも簡単です。家庭学習にするのには、ぴったりの教材です。

６けたのコースに合格した子は、よりむずかしい課題に挑戦したがります。その時には、無理のないようにして、けた数を増やしていけばよいでしょう。

中には、10けた10回たし算に挑戦する子もでてきます。

大事なことは、基本の計算をきちっと低学年の間に習熟させ、頭にきざみこんでおけるようにすることです。

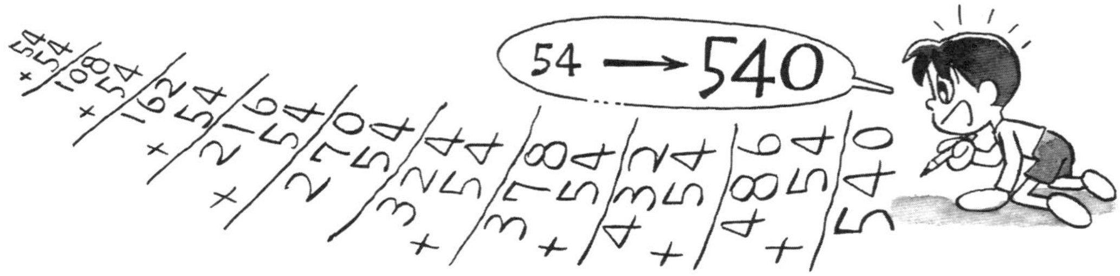

# 10回たし算

組

なまえ

つぎのたし算をつづけてしましょう。

①

| | | |
|---|---|---|
| | 5 | 4 |
| ＋ | 5 | 4 |
| ＋ | 5 | 4 |
| ＋ | 5 | 4 |
| ＋ | 5 | 4 |
| ＋ | 5 | 4 |
| ＋ | 5 | 4 |
| ＋ | 5 | 4 |
| ＋ | 5 | 4 |
| ＋ | 5 | 4 |

②

| | | | |
|---|---|---|---|
| | 6 | 4 | 7 |
| ＋ | 6 | 4 | 7 |
| ＋ | 6 | 4 | 7 |
| ＋ | 6 | 4 | 7 |
| ＋ | 6 | 4 | 7 |
| ＋ | 6 | 4 | 7 |
| ＋ | 6 | 4 | 7 |
| ＋ | 6 | 4 | 7 |
| ＋ | 6 | 4 | 7 |
| ＋ | 6 | 4 | 7 |

③

| | | | | |
|---|---|---|---|---|
| | 3 | 1 | 0 | 5 |
| ＋ | 3 | 1 | 0 | 5 |
| ＋ | 3 | 1 | 0 | 5 |
| ＋ | 3 | 1 | 0 | 5 |
| ＋ | 3 | 1 | 0 | 5 |
| ＋ | 3 | 1 | 0 | 5 |
| ＋ | 3 | 1 | 0 | 5 |
| ＋ | 3 | 1 | 0 | 5 |
| ＋ | 3 | 1 | 0 | 5 |
| ＋ | 3 | 1 | 0 | 5 |

④

| | | | | | |
|---|---|---|---|---|---|
| | 7 | 2 | 9 | 8 | 6 |
| ＋ | 7 | 2 | 9 | 8 | 6 |
| ＋ | 7 | 2 | 9 | 8 | 6 |
| ＋ | 7 | 2 | 9 | 8 | 6 |
| ＋ | 7 | 2 | 9 | 8 | 6 |
| ＋ | 7 | 2 | 9 | 8 | 6 |
| ＋ | 7 | 2 | 9 | 8 | 6 |
| ＋ | 7 | 2 | 9 | 8 | 6 |
| ＋ | 7 | 2 | 9 | 8 | 6 |
| ＋ | 7 | 2 | 9 | 8 | 6 |

# 10回ひき算

組

なまえ

つぎのひき算をつづけてしましょう。

| ① | ② | ③ | ④ |
|---|---|---|---|
| 610 | 2730 | 83420 | 490510 |
| − 61 | − 273 | − 8342 | − 49051 |
| − 61 | − 273 | − 8342 | − 49051 |
| − 61 | − 273 | − 8342 | − 49051 |
| − 61 | − 273 | − 8342 | − 49051 |
| − 61 | − 273 | − 8342 | − 49051 |
| − 61 | − 273 | − 8342 | − 49051 |
| − 61 | − 273 | − 8342 | − 49051 |
| − 61 | − 273 | − 8342 | − 49051 |
| − 61 | − 273 | − 8342 | − 49051 |

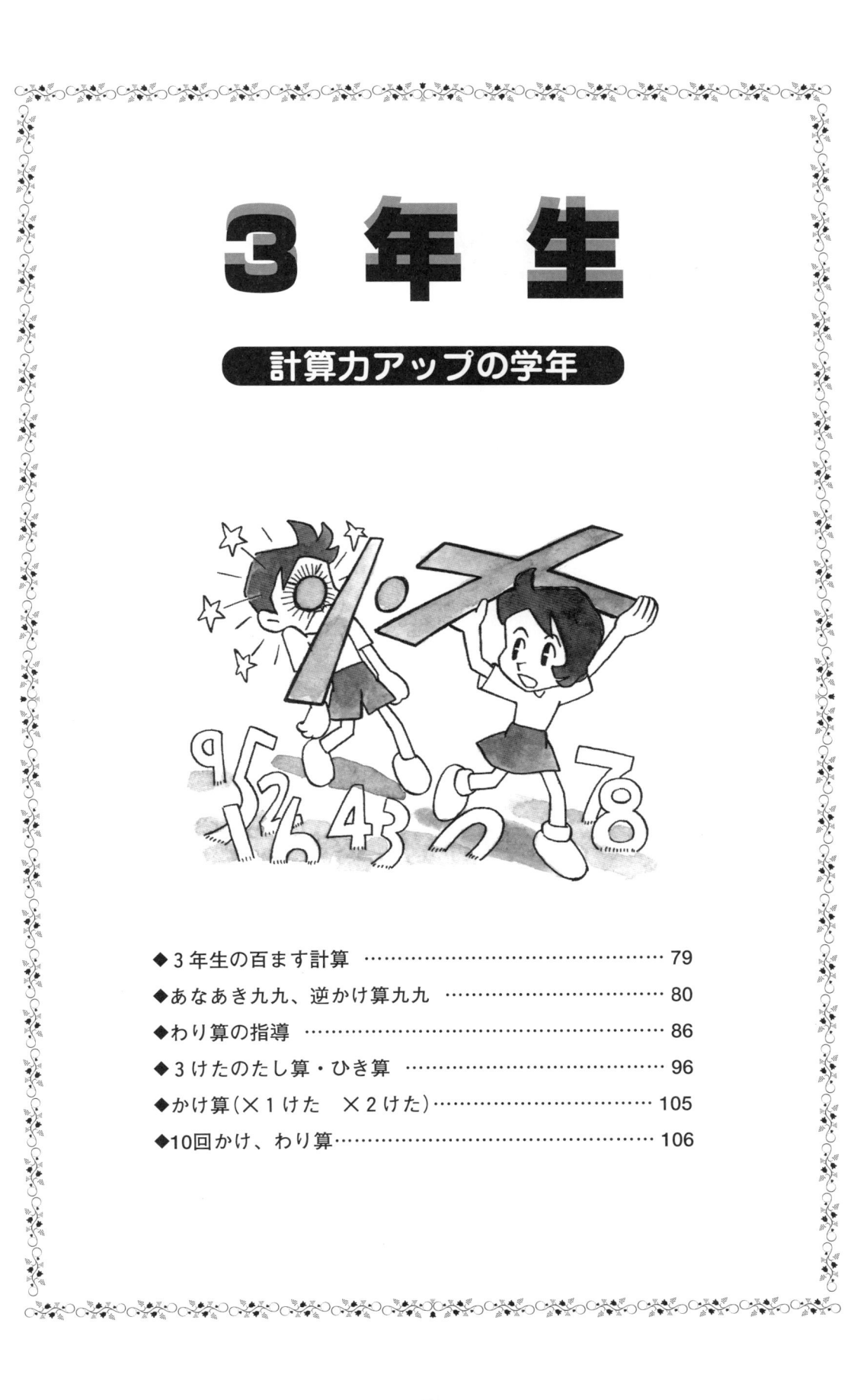

# 3 年 生

## 計算力アップの学年

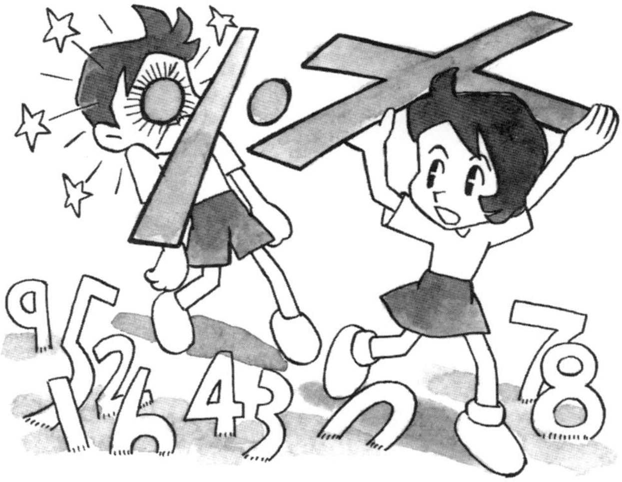

# ◈3年生の計算のポイント

## 1 基礎わり算の理解と習熟

3年生の重点課題は、わり算です。計算力がついているかどうかは、わり算をやらせてみるとすぐにわかります。けた数の多いわり算は、たし算・ひき算・かけ算のすべてがきちんとできなければ、正しい答えを出すことができません。わり算は、すべての計算力の総合力がなければできないものです。

たし算・ひき算・かけ算に基本計算があったように、わり算にも基本計算があります。九九1回のわり算は、450題もあります。この習熟をおこたりなくしなければなりません。

わり算の説明には、具体物を使って、わり算の意味を十分につかませます。さらにわり算の計算に入る前に、あなあき九九の練習をしておきましょう。

## 2 加減算、乗法の完成

たし算、ひき算とかけ算については、この学年で完成です。3けたのたし算とひき算、かけ算では、2けた×1けた、3けた×1けた、2けた×2けたまでで、それ以上多いけた数の計算は、今の学習指導要領では出てきません。

2けた×1けた、3けた×1けた、2けた×2けたのかけ算は、くり上がりの数を必ず書いて、まず2けた×1けたをじっくり練習します。それが確実にできるようになったら、かけられる数のけた数を増やしていきます。

プリントでは、位がそろうように、枠を書いています。ノートで練習する時も、マスのノートや線を引いて、たての位がそろうように気をつけます。

## 3 3年生の基礎計算の指標

①わり算（あまりがあって、くり下がりがある）50問を10分以内にできる。

②百ます計算（たし算・ひき算・かけ算）が、それぞれ3分以内でできる。できれば2分以内をめざす。

# 1．3年生の百ます計算

「魔の春休み」という言葉を、３年生の担当教師は使うことがあります。２年生の終わりに、あれほど練習して、「かけ算九九」を言えるようになっていたのに、学年が変わって「かけ算九九」を言わせてみると、あやうい子が何人もいるのです。

「２年生の先生は何をしていたの？」と言いたい気持ちで尋ねると、「どの子もできていた」と言われて、がっくりすることがあります。

でもこれは、当たり前と考えた方がいいと思います。

３年生の最初の時期は、２年生で練習したはずの「かけ算九九」を忘れがちだと思って、重点的に「かけ算九九」の練習に取り組むべきです。ここでも私は、まず百ます計算を使います。子どもたちも３年生は、もう１、２年生とはちがうんだ、今年こそがんばるぞ、という意気ごみでやっているのです。

## 留意点、いくつか

### ・計算練習をする時間の取りかた

最初の１週間は、算数の時間のほとんど全部を使って指導します。その間に、しっかりと覚えていない子、集中力のない子、字の汚い子などを把握し、個別に指導もします。

次の週は、時間の半分ぐらいを百ます計算にあてて、残りの時間は教材の進度に沿った指導をします。しかし、時間が足りない場合は、全部使ってもよいと思います。教科書などの時間は、他の教科の時間などをやりくりすることで生み出していきます。

３週目くらいから、算数の授業時間の３分の１くらいをあてるようにし、慣れてきたら（５月の連休明けくらい）、授業の最初の10分間ですませるようにします。

この算数の授業の最初の10分間は、年間を通して計算練習の時間にあてます。

### ・あせらずじっくりと

百ます計算に取り組むと、すぐに100題をさせたり、タイムをあげることに意識がいきすぎたり、20分、30分かかってもできない子を最後までやらせたりなど、無理をさせたりすることがあります。スタートの時点であまりにも差が開きすぎていると、子どもも意欲的になりにくくなりますし、時間がかかりすぎてしまいます。

昔から、「段どり八分」といいます。物事の成否は、八分がた段取り、つまりそれまでの準備にかかっています。

３年生の子どもたちは「競争」が好きです。教師は、どの子もが全力を尽くすために、事前の準備が必要です。徒競走であれば、準備体操をして体をほぐし、ジョギングをして体を慣らしてから走ります。百ます計算も同じことです。いきなりはじめた

のでは、よくできる子だけ気分よく取り組め、あまりできない子は、挫折感を味わってしまいます。

あくまでも段取りは、子どもたちを教師のレールに乗せて、そこからはみ出すことをよしとしないことではありません。子どもたちの様子を見ながら、計画を柔軟に変更しなければなりません。その指標は子どもたちが百ます計算を楽しく、挑戦的に取り組んでいくかどうかです。

**百ます計算指導のポイント**

1．どの子もができるようになってから、鍛える
2．きのうの自分に勝つ（友だちとの競争でない）
3．昨日よりタイムが伸びたらほめる（評価する）
4．クラスの目標（例：全員が3分台）を設定して、達成したら喜びを共有する
5．作文などに、百ます計算をしたことで感じたことを書かせて、意識化する
6．学級通信や連絡帳などで、子どもの伸びを知らせる
7．継続して取り組む中で子どもは変化する。教師があきらめず根気よく取り組む

## 2. あなあき九九、逆かけ算九九

### わり算の基礎はかけ算とひき算

計算のたよりない子どもたちがつまずいている壁は、3つあります。第1の壁は基本たし算。第2の壁は基本ひき算。第3の壁は基本わり算です。

3、4年生で習うわり算の基礎は、1、2年生の計算にあるのです。いくら、わり算の方法を正しく理解できても、基本の九九計算と基本ひき算ができないと、どんなわり算も、分数の四則計算でも、よたよたとまどってばかりということになります。

わり算には3種類あります。まずA型といって、かけ算九九の裏がえしの計算です。このわり算が、全部で90題あります。

B型の問題は、29÷3＝9…2のように、あまりがでます。3×9＝27、29－27＝2というように、かけ算の九九と基本ひき算の2つがきちんと頭に入ってないとできないのです。

C型の問題も25÷9＝2…7とあまりがでます。これも9×2＝18、25－18＝7という2つの計算をします。B型とちがうのは、くり下がりの計算が入っていることです。

25÷9を計算する時、頭に思い浮かべるのは、九九です。9の段で、25に近い数が何かを、瞬間に思い出さないといけません。9×2＝18、9×3＝27の2つです。そのうちの25より少ない2を選びだすのです。

## あなあき九九の練習意義

九九が本当に定着しているかどうかを確認するには、あなあき九九をすれば、よくわかります。7×4＝28ということは、九九の練習を積み重ねると、どの子もできるようになります。

でも同じ九九であったとしても、7×(　)＝28の(　)の中に、4という答えを書きこめない子もいるのです。九九を覚えていたらできるんだよ、と気づかせたあと、練習をさせます。慣れてくれば(　)を先にする問題も出していきます。そのあとは、(　)×9＝63、3×(　)＝27と、あなを混ぜた問題をやっていきます。どんな形の九九の問題が出てきてもできるように、家庭学習を含めて変化をつけた練習をさせることで、基本九九計算を定着させていきます。

プリントには、次のような逆かけ算九九も入れてあります。

54＝6×□　　16＝4×□　　72＝8×□
32＝4×□　　48＝8×□　　18＝6×□

あまりのないわり算の場合は、目に見える数字そのものを処理すればよいのです。プリントを使って、四一が4、四二が8……というような、九九を唱えなければならない段階を卒業させたいものです。

あまりのある場合は、目に見える数字だけでなく、もう1つ別の数字が、頭にうかばなければならないのです。たとえば、58÷8＝なら、八七、56を頭で思いうかべないといけません。見えている58と見えない56と、2つの数字を同時に頭に入れないといけません。そして、58から56をひく暗算をするのです。あまりがあって、くり下がりのある問題は、もっとむずかしいのです。

「見えない数さがし」を、あなあき九九や逆かけ算九九プリントで、十分習熟させておくことが、わり算指導の基礎になるのです。

# あなあき九九 50問①

組

名前

（　　）にあてはまる数を書きましょう。

① 7 ×（　　）＝ 42

② 8 ×（　　）＝ 56

③ 6 ×（　　）＝ 42

④ 7 ×（　　）＝ 56

⑤ 2 ×（　　）＝ 8

⑥ 5 ×（　　）＝ 35

⑦ 8 ×（　　）＝ 0

⑧ 6 ×（　　）＝ 36

⑨ 9 ×（　　）＝ 45

⑩ 1 ×（　　）＝ 0

⑪ 6 ×（　　）＝ 24

⑫ 9 ×（　　）＝ 0

⑬ 5 ×（　　）＝ 0

⑭ 6 ×（　　）＝ 48

⑮ 2 ×（　　）＝ 12

⑯ 4 ×（　　）＝ 12

⑰ 7 ×（　　）＝ 35

⑱ 3 ×（　　）＝ 18

⑲ 7 ×（　　）＝ 21

⑳ 4 ×（　　）＝ 36

㉑ 9 ×（　　）＝ 9

㉒ 3 ×（　　）＝ 15

㉓ 4 ×（　　）＝ 0

㉔ 2 ×（　　）＝ 16

㉕ 4 ×（　　）＝ 28

㉖ 9 ×（　　）＝ 63

㉗ 3 ×（　　）＝ 24

㉘ 5 ×（　　）＝ 5

㉙ 9 ×（　　）＝ 72

㉚ 7 ×（　　）＝ 42

㉛ 8 ×（　　）＝ 56

㉜ 2 ×（　　）＝ 10

㉝ 5 ×（　　）＝ 45

㉞ 7 ×（　　）＝ 49

㉟ 1 ×（　　）＝ 9

㊱ 9 ×（　　）＝ 54

㊲ 3 ×（　　）＝ 0

㊳ 5 ×（　　）＝ 10

㊴ 6 ×（　　）＝ 54

㊵ 3 ×（　　）＝ 3

㊶ 7 ×（　　）＝ 56

㊷ 7 ×（　　）＝ 7

㊸ 1 ×（　　）＝ 1

㊹ 8 ×（　　）＝ 16

㊺ 4 ×（　　）＝ 20

㊻ 5 ×（　　）＝ 40

㊼ 1 ×（　　）＝ 4

㊽ 6 ×（　　）＝ 42

㊾ 3 ×（　　）＝ 27

㊿ 9 ×（　　）＝ 27



かけ算を思い出そう。

# あなあき九九 50問②

組

名前

（　　）にあてはまる数を書きましょう。

① 7×（　　）＝28
② 6×（　　）＝42
③ 7×（　　）＝49
④ 6×（　　）＝54
⑤ 8×（　　）＝48
⑥ 6×（　　）＝6
⑦ 3×（　　）＝9
⑧ 1×（　　）＝5
⑨ 2×（　　）＝6
⑩ 6×（　　）＝0
⑪ 9×（　　）＝81
⑫ 7×（　　）＝7
⑬ 9×（　　）＝18
⑭ 1×（　　）＝7
⑮ 6×（　　）＝12
⑯ 1×（　　）＝8
⑰ 2×（　　）＝18
⑱ 5×（　　）＝25
⑲ 8×（　　）＝24
⑳ 7×（　　）＝14
㉑ 8×（　　）＝8
㉒ 4×（　　）＝16
㉓ 6×（　　）＝18
㉔ 4×（　　）＝8
㉕ 9×（　　）＝36
㉖ 7×（　　）＝63
㉗ 5×（　　）＝20
㉘ 2×（　　）＝4
㉙ 8×（　　）＝72
㉚ 6×（　　）＝30
㉛ 1×（　　）＝3
㉜ 3×（　　）＝6
㉝ 4×（　　）＝32
㉞ 7×（　　）＝28
㉟ 8×（　　）＝32
㊱ 2×（　　）＝2
㊲ 7×（　　）＝0
㊳ 3×（　　）＝12
㊴ 1×（　　）＝6
㊵ 5×（　　）＝15
㊶ 2×（　　）＝0
㊷ 4×（　　）＝24
㊸ 8×（　　）＝64
㊹ 2×（　　）＝14
㊺ 3×（　　）＝21
㊻ 4×（　　）＝4
㊼ 8×（　　）＝48
㊽ 5×（　　）＝30
㊾ 1×（　　）＝2
㊿ 8×（　　）＝40

あせらずにやろうね。

# あなあき九九100問

名前（　　　　　　　　）

① 7×（　）＝42
② 2×（　）＝8
③ 9×（　）＝45
④ 5×（　）＝0
⑤ 1×（　）＝8
⑥ 7×（　）＝14
⑦ 4×（　）＝8
⑧ 5×（　）＝5
⑨ 2×（　）＝10
⑩ 9×（　）＝54
⑪ 1×（　）＝6
⑫ 8×（　）＝64
⑬ 8×（　）＝48
⑭ 7×（　）＝28
⑮ 8×（　）＝48
⑯ 2×（　）＝6
⑰ 6×（　）＝48
⑱ 3×（　）＝18
⑲ 3×（　）＝15
⑳ 7×（　）＝63
㉑ 6×（　）＝30
㉒ 7×（　）＝28
㉓ 6×（　）＝54
㉔ 1×（　）＝1
㉕ 1×（　）＝4
㉖ 8×（　）＝56
㉗ 5×（　）＝35
㉘ 1×（　）＝0
㉙ 9×（　）＝18
㉚ 2×（　）＝18
㉛ 8×（　）＝8
㉜ 9×（　）＝36
㉝ 9×（　）＝72
㉞ 5×（　）＝45
㉟ 3×（　）＝0
㊱ 5×（　）＝15
㊲ 2×（　）＝14
㊳ 5×（　）＝30
㊴ 6×（　）＝42
㊵ 6×（　）＝6
㊶ 6×（　）＝0
㊷ 2×（　）＝12
㊸ 7×（　）＝21
㊹ 4×（　）＝0
㊺ 5×（　）＝20
㊻ 1×（　）＝3
㊼ 8×（　）＝32
㊽ 3×（　）＝3
㊾ 8×（　）＝16
㊿ 6×（　）＝42
(51) 6×（　）＝42
(52) 8×（　）＝0
(53) 6×（　）＝24
(54) 1×（　）＝7
(55) 5×（　）＝25
(56) 4×（　）＝16
(57) 9×（　）＝63
(58) 7×（　）＝42
(59) 7×（　）＝49
(60) 5×（　）＝10
(61) 2×（　）＝0
(62) 3×（　）＝21
(63) 1×（　）＝2
(64) 7×（　）＝49
(65) 3×（　）＝9
(66) 9×（　）＝81
(67) 4×（　）＝12
(68) 4×（　）＝36
(69) 2×（　）＝16
(70) 2×（　）＝4
(71) 3×（　）＝6
(72) 2×（　）＝2
(73) 7×（　）＝56
(74) 4×（　）＝20
(75) 3×（　）＝27
(76) 7×（　）＝56
(77) 6×（　）＝36
(78) 9×（　）＝0
(79) 6×（　）＝12
(80) 8×（　）＝24
(81) 6×（　）＝18
(82) 3×（　）＝24
(83) 8×（　）＝56
(84) 1×（　）＝9
(85) 3×（　）＝12
(86) 4×（　）＝24
(87) 4×（　）＝4
(88) 8×（　）＝40
(89) 6×（　）＝54
(90) 1×（　）＝5
(91) 7×（　）＝7
(92) 7×（　）＝35
(93) 9×（　）＝9
(94) 4×（　）＝28
(95) 8×（　）＝72
(96) 4×（　）＝32
(97) 7×（　）＝0
(98) 7×（　）＝7
(99) 5×（　）＝40
(100) 9×（　）＝27

# 逆かけ算九九 ③

名前（　　　　　　）

① 56＝7×（　）
② 20＝5×（　）
③ 15＝3×（　）
④ 63＝7×（　）
⑤ 27＝3×（　）
⑥ 16＝8×（　）
⑦ 12＝3×（　）
⑧ 18＝2×（　）
⑨ 8＝4×（　）
⑩ 36＝4×（　）
⑪ 24＝8×（　）
⑫ 28＝4×（　）
⑬ 32＝8×（　）
⑭ 12＝6×（　）
⑮ 42＝7×（　）

⑯ 40＝8×（　）
⑰ 36＝6×（　）
⑱ 72＝9×（　）
⑲ 24＝4×（　）
⑳ 12＝2×（　）
㉑ 21＝7×（　）
㉒ 45＝9×（　）
㉓ 12＝4×（　）
㉔ 45＝5×（　）
㉕ 24＝6×（　）
㉖ 36＝9×（　）
㉗ 15＝5×（　）
㉘ 18＝3×（　）
㉙ 54＝9×（　）
㉚ 81＝9×（　）

㉛ 14＝7×（　）
㉜ 10＝5×（　）
㉝ 30＝5×（　）
㉞ 48＝8×（　）
㉟ 40＝5×（　）
㊱ 6＝3×（　）
㊲ 49＝7×（　）
㊳ 16＝2×（　）
㊴ 18＝6×（　）
㊵ 21＝3×（　）
㊶ 56＝8×（　）
㊷ 24＝3×（　）
㊸ 27＝9×（　）
㊹ 32＝4×（　）
㊺ 35＝7×（　）

㊻ 9＝3×（　）
㊼ 48＝6×（　）
㊽ 64＝8×（　）
㊾ 63＝9×（　）
㊿ 16＝4×（　）
(51) 30＝6×（　）
(52) 20＝4×（　）
(53) 42＝6×（　）
(54) 14＝2×（　）
(55) 72＝8×（　）
(56) 18＝9×（　）
(57) 35＝7×（　）
(58) 35＝5×（　）
(59) 25＝5×（　）
(60) 54＝6×（　）

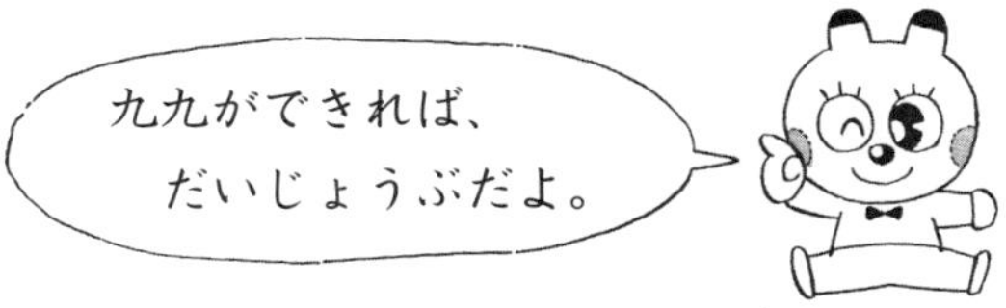

# 3. わり算の指導

## あまりのないわり算（A型）100題

42÷7＝　　　30÷6＝

0÷7＝　　　12÷2＝

かけ算九九の逆の問題です。九九の反対ですから、100題あります。この問題は、九九がしっかりとできていれば、そうむずかしくはありません。少し練習すると、スピードがあがってきます。

ここには0÷3のように、0のあるわり算があります。0÷1＝0、0÷2＝0、0÷3＝0と、すべて商は0になります。0をいくらでわっても、0だからです。

計算自体はやさしいですが、ひっかかりやすいですから注意しましょう。

## あまりあり、くり下がりなし（B型）260題

41÷8＝　　　7÷3＝

33÷6＝　　　14÷4＝

B型はちょっとむずかしいです。全部あまりが出る問題です。あまりの出るわり算はみんなで260題あります。九九ができて、29－27というくり下がりのない暗算ができれば、そんなにできないことはありません。プリントには、260題すべてのせました。

ここには1÷2＝0…1、3÷9＝0…3という問題が入っています。わられる数の中に、わる数がない問題です。わることができないので、商は0になって、あまりが出るのです。小数の計算ではありませんので、あまりを出して答えを出しましょう。

## あまりあり、くり下がりあり（C型）100題

この問題は、かなりむずかしいです。C型は、あまりを求めるために、暗算でくり下がりの計算を、瞬時にしなければなりません。

そのため、ひどく面倒な感じがします。この計算ができるには、次の4つのことができていることが大切になります。

・くり下がりのひき算が完璧にできる
・かけ算の九九が正確に速く唱えられる（かけ算の百ますが4分以内にできる）
・あなあき九九がすらすらできる（□×6＝42）
・あまりのないわり算がさっとできる（56÷8＝7）

どこかにつまずきがあると、なかなか達成しにくい課題です。しかしこれができないと、4年生の2けたのわり算をこなすことが困難です。

くり下がりのあるわり算を次のページに例示してみましょう。

| | | | | | | | | 商 | あまり |
|---|---|---|---|---|---|---|---|---|---|
| 10÷3 | 11÷3 | | | | | | | 3 | … |
| 20÷3 | | | | | | | | 6 | … |
| 10÷4 | 11÷4 | | | | | | | 2 | … |
| 30÷4 | 31÷4 | | | | | | | 7 | … |
| 10÷6 | 11÷6 | | | | | | | 1 | … |
| 20÷6 | 21÷6 | 22÷6 | 23÷6 | | | | | 3 | … |
| 40÷6 | 41÷6 | | | | | | | 6 | … |
| 50÷6 | 51÷6 | 52÷6 | 53÷6 | | | | | 8 | … |
| 10÷7 | 11÷7 | 12÷7 | 13÷7 | | | | | 1 | … |
| 20÷7 | | | | | | | | 2 | … |
| 30÷7 | 31÷7 | 32÷7 | 33÷7 | 34÷7 | | | | 4 | … |
| 40÷7 | 41÷7 | | | | | | | 5 | … |
| 50÷7 | 51÷7 | 52÷7 | 53÷7 | 54÷7 | 55÷7 | | | 7 | … |
| 60÷7 | 61÷7 | 62÷7 | | | | | | 8 | … |
| 10÷8 | 11÷8 | 12÷8 | 13÷8 | 14÷8 | 15÷8 | | | 1 | … |
| 20÷8 | 21÷8 | 22÷8 | 23÷8 | | | | | 2 | … |
| 30÷8 | 31÷8 | | | | | | | 3 | … |
| 50÷8 | 51÷8 | 52÷8 | 53÷8 | 54÷8 | 55÷8 | | | 6 | … |
| 60÷8 | 61÷8 | 62÷8 | 63÷8 | | | | | 7 | … |
| 70÷8 | 71÷8 | | | | | | | 8 | … |
| 10÷9 | 11÷9 | 12÷9 | 13÷9 | 14÷9 | 15÷9 | 16÷9 | 17÷9 | 1 | … |
| 20÷9 | 21÷9 | 22÷9 | 23÷9 | 24÷9 | 25÷9 | 26÷9 | | 2 | … |
| 30÷9 | 31÷9 | 32÷9 | 33÷9 | 34÷9 | 35÷9 | | | 3 | … |
| 40÷9 | 41÷9 | 42÷9 | 43÷9 | 44÷9 | | | | 4 | … |
| 50÷9 | 51÷9 | 52÷9 | 53÷9 | | | | | 5 | … |
| 60÷9 | 61÷9 | 62÷9 | | | | | | 6 | … |
| 70÷9 | 71÷9 | | | | | | | 7 | … |
| 80÷9 | | | | | | | | 8 | … |

どのわる数が多いかを分類すると

÷③→3　÷④→4　÷⑥→12　÷⑦→21　÷⑧→24　÷⑨→36

ちょうど100題あります。÷7　÷8　÷9に問題が集中しています。

÷3　÷4　÷6は比較的簡単です。7、8、9になると大人でも頭が混乱してきます。くり下がる場合、商がなかなか見つからないのです。

わり算100題をはじめた時、どう考えて問題を解いているか、子どもたちに聞いてみました。3つに分かれました。

32÷9で説明してみましょう。

①商の3が頭にうかんで、すぐに書ける子

②32より大きな商がうかぶ子

③32より小さな商がうかぶ子

①のタイプの子は、瞬時に3がうかび、32－27の暗算に入れる子です。100題をかなり速いスピードでできます。この子たちは、かけ算の百ます計算を1分台でできる子です。わり算も速くできます。

②の子は、商を4として考え、9×4＝36は大きすぎるので、商を修正して、商を3と見つける子です。商を上から修正する方法です。

③のタイプは、商を2と立て、9×2＝18で小さいから、商を3と大きくして答えを見つけます。商を下から修正する形です。

練習を積み重ねると、①の暗記型が多くなります。商が頭にうかんでくるのです。

②③型の子もすべて、商を修正しているわけではありません。前ページの表のように、簡単な部分は商がすぐに出てくるのです。少し練習してから、どの問題がうかびにくいかを調べ、その問題を集中的に練習することで、より能率的にわり算ができるようになっていきます。

# わり算A型（あまりなし）

名前（　　　　　　　）

① 48÷6＝
② 4÷1＝
③ 8÷1＝
④ 8÷2＝
⑤ 30÷5＝
⑥ 10÷5＝
⑦ 28÷4＝
⑧ 18÷3＝
⑨ 42÷7＝
⑩ 5÷5＝
⑪ 2÷1＝
⑫ 28÷4＝
⑬ 0÷7＝
⑭ 40÷8＝
⑮ 36÷4＝
⑯ 12÷2＝
⑰ 45÷5＝
⑱ 1÷1＝
⑲ 20÷5＝
⑳ 0÷8＝
㉑ 12÷6＝
㉒ 18÷3＝
㉓ 8÷8＝
㉔ 25÷5＝
㉕ 48÷8＝
㉖ 3÷3＝
㉗ 42÷6＝
㉘ 18÷2＝
㉙ 21÷3＝
㉚ 6÷6＝
㉛ 0÷2＝
㉜ 45÷9＝
㉝ 4÷4＝
㉞ 56÷8＝
㉟ 3÷1＝
㊱ 24÷6＝
㊲ 54÷9＝
㊳ 63÷9＝
㊴ 14÷2＝
㊵ 6÷1＝
㊶ 48÷6＝
㊷ 32÷4＝
㊸ 8÷4＝
㊹ 4÷2＝
㊺ 36÷6＝
㊻ 16÷8＝
㊼ 42÷7＝
㊽ 16÷4＝
㊾ 24÷8＝
㊿ 28÷7＝
(51) 81÷9＝
(52) 49÷7＝
(53) 12÷4＝
(54) 72÷9＝
(55) 9÷3＝
(56) 24÷4＝
(57) 0÷1＝
(58) 9÷9＝
(59) 10÷2＝
(60) 0÷6＝
(61) 0÷9＝
(62) 0÷3＝
(63) 6÷3＝
(64) 0÷5＝
(65) 15÷5＝
(66) 54÷9＝
(67) 28÷7＝
(68) 36÷9＝
(69) 30÷6＝
(70) 18÷9＝
(71) 20÷4＝
(72) 56÷8＝
(73) 18÷6＝
(74) 14÷7＝
(75) 32÷8＝
(76) 7÷7＝
(77) 0÷4＝
(78) 56÷7＝
(79) 27÷9＝
(80) 5÷1＝
(81) 54÷6＝
(82) 35÷7＝
(83) 15÷3＝
(84) 24÷3＝
(85) 27÷9＝
(86) 16÷2＝
(87) 2÷2＝
(88) 32÷4＝
(89) 21÷7＝
(90) 64÷8＝
(91) 18÷6＝
(92) 72÷8＝
(93) 63÷7＝
(94) 35÷5＝
(95) 7÷1＝
(96) 40÷5＝
(97) 54÷6＝
(98) 9÷1＝
(99) 27÷3＝
(100) 6÷2＝

# わり算B型① (あまりあり、くり下がりなし)　名前（　　　　　　）

① 36÷8＝　…
② 59÷6＝　…
③ 56÷9＝　…
④ 1÷2＝　…
⑤ 48÷7＝　…
⑥ 69÷7＝　…
⑦ 11÷2＝　…
⑧ 66÷7＝　…
⑨ 45÷8＝　…
⑩ 65÷7＝　…
⑪ 73÷8＝　…
⑫ 1÷5＝　…
⑬ 67÷7＝　…
⑭ 28÷6＝　…
⑮ 68÷7＝　…
⑯ 5÷9＝　…
⑰ 59÷9＝　…
⑱ 2÷3＝　…
⑲ 37÷9＝　…
⑳ 57÷8＝　…
㉑ 89÷9＝　…
㉒ 17÷3＝　…
㉓ 76÷9＝　…
㉔ 55÷6＝　…
㉕ 15÷7＝　…
㉖ 79÷9＝　…
㉗ 34÷4＝　…
㉘ 3÷9＝　…
㉙ 46÷7＝　…
㉚ 27÷5＝　…
㉛ 9÷6＝　…
㉜ 47÷5＝　…
㉝ 6÷7＝　…
㉞ 32÷5＝　…
㉟ 13÷5＝　…
㊱ 25÷3＝　…
㊲ 33÷5＝　…
㊳ 1÷8＝　…
㊴ 26÷7＝　…
㊵ 38÷6＝　…
㊶ 8÷6＝　…
㊷ 44÷5＝　…
㊸ 5÷6＝　…
㊹ 75÷8＝　…
㊺ 13÷2＝　…
㊻ 44÷8＝　…
㊼ 39÷9＝　…
㊽ 9÷2＝　…
㊾ 49÷6＝　…
㊿ 35÷8＝　…
(51) 42÷5＝　…
(52) 5÷2＝　…
(53) 34÷8＝　…
(54) 23÷7＝　…
(55) 7÷2＝　…
(56) 37÷6＝　…
(57) 18÷5＝　…
(58) 2÷6＝　…
(59) 25÷7＝　…
(60) 7÷9＝　…
(61) 29÷3＝　…
(62) 16÷6＝　…
(63) 29÷6＝　…
(64) 14÷4＝　…
(65) 26÷4＝　…
(66) 3÷6＝　…
(67) 19÷8＝　…
(68) 4÷7＝　…
(69) 38÷9＝　…
(70) 83÷9＝　…
(71) 3÷2＝　…
(72) 21÷5＝　…
(73) 78÷9＝　…
(74) 15÷2＝　…
(75) 47÷8＝　…
(76) 87÷9＝　…
(77) 17÷6＝　…
(78) 77÷9＝　…
(79) 7÷5＝　…
(80) 19÷5＝　…
(81) 85÷9＝　…
(82) 4÷3＝　…
(83) 39÷6＝　…
(84) 22÷4＝　…
(85) 19÷2＝　…
(86) 43÷6＝　…
(87) 2÷9＝　…
(88) 58÷7＝　…
(89) 23÷3＝　…
(90) 29÷9＝　…

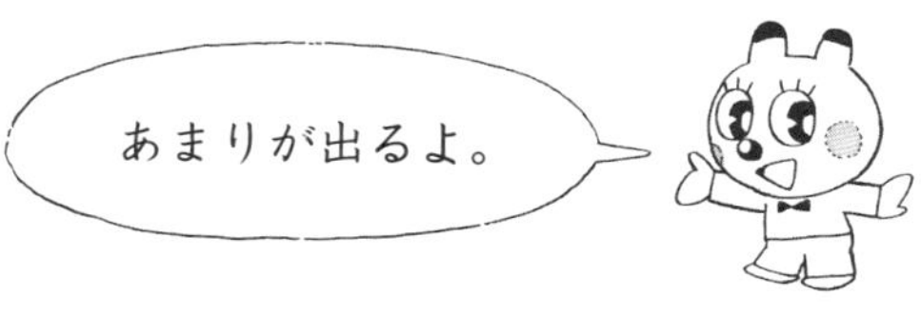

# わり算B型② (あまりあり、くり下がりなし)　名前 (　　　　　)

① 48÷9＝　…
② 25÷4＝　…
③ 82÷9＝　…
④ 6÷4＝　…
⑤ 59÷7＝　…
⑥ 8÷7＝　…
⑦ 66÷8＝　…
⑧ 1÷3＝　…
⑨ 88÷9＝　…
⑩ 19÷7＝　…
⑪ 57÷6＝　…
⑫ 43÷7＝　…
⑬ 2÷4＝　…
⑭ 33÷6＝　…
⑮ 18÷7＝　…
⑯ 58÷8＝　…
⑰ 1÷6＝　…
⑱ 86÷9＝　…
⑲ 35÷4＝　…
⑳ 9÷7＝　…
㉑ 57÷9＝　…
㉒ 19÷4＝　…
㉓ 31÷5＝　…

㉔ 29÷4＝　…
㉕ 6÷8＝　…
㉖ 21÷4＝　…
㉗ 55÷9＝　…
㉘ 3÷7＝　…
㉙ 47÷6＝　…
㉚ 13÷6＝　…
㉛ 36÷5＝　…
㉜ 27÷6＝　…
㉝ 46÷5＝　…
㉞ 4÷8＝　…
㉟ 29÷7＝　…
㊱ 17÷8＝　…
㊲ 11÷5＝　…
㊳ 37÷4＝　…
㊴ 1÷9＝　…
㊵ 28÷8＝　…
㊶ 47÷9＝　…
㊷ 14÷5＝　…
㊸ 26÷8＝　…
㊹ 45÷6＝　…
㊺ 5÷7＝　…
㊻ 17÷4＝　…

㊼ 39÷4＝　…
㊽ 7÷3＝　…
㊾ 34÷5＝　…
㊿ 49÷8＝　…
(51) 24÷5＝　…
(52) 4÷5＝　…
(53) 15÷4＝　…
(54) 27÷8＝　…
(55) 5÷3＝　…
(56) 79÷8＝　…
(57) 25÷8＝　…
(58) 2÷7＝　…
(59) 77÷8＝　…
(60) 8÷3＝　…
(61) 69÷8＝　…
(62) 7÷6＝　…
(63) 44÷6＝　…
(64) 75÷9＝　…
(65) 3÷4＝　…
(66) 65÷8＝　…
(67) 74÷8＝　…
(68) 16÷3＝　…

(69) 32÷6＝　…
(70) 9÷4＝　…
(71) 22÷5＝　…
(72) 17÷7＝　…
(73) 46÷8＝　…
(74) 16÷7＝　…
(75) 28÷3＝　…
(76) 23÷4＝　…
(77) 68÷8＝　…
(78) 67÷8＝　…
(79) 13÷3＝　…
(80) 78÷8＝　…
(81) 26÷5＝　…
(82) 38÷7＝　…
(83) 84÷9＝　…
(84) 42÷8＝　…
(85) 37÷7＝　…
(86) 64÷7＝　…
(87) 41÷5＝　…
(88) 38÷4＝　…
(89) 73÷9＝　…
(90) 39÷7＝　…

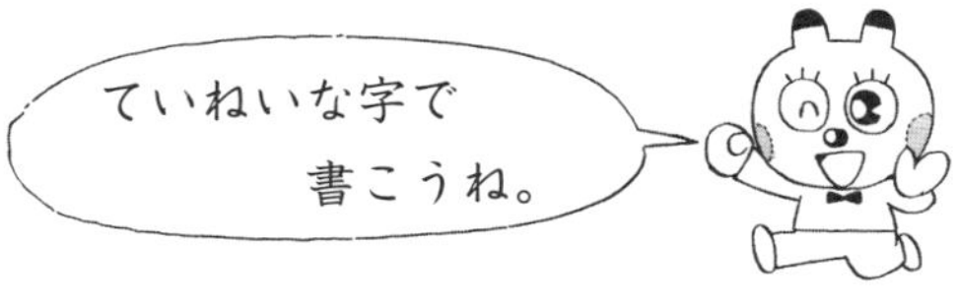

# わり算B型③（あまりあり、くり下がりなし）

名前（　　　　　　　　）

① 49÷5＝　…
② 68÷9＝　…
③ 25÷6＝　…
④ 67÷9＝　…
⑤ 14÷3＝　…
⑥ 64÷9＝　…
⑦ 69÷9＝　…
⑧ 2÷5＝　…
⑨ 49÷9＝　…
⑩ 74÷9＝　…
⑪ 1÷4＝　…
⑫ 24÷7＝　…
⑬ 76÷8＝　…
⑭ 22÷3＝　…
⑮ 58÷9＝　…
⑯ 65÷9＝　…
⑰ 1÷7＝　…
⑱ 58÷6＝　…
⑲ 66÷9＝　…
⑳ 17÷5＝　…
㉑ 59÷8＝　…
㉒ 16÷5＝　…
㉓ 28÷9＝　…
㉔ 5÷4＝　…
㉕ 37÷5＝　…
㉖ 23÷5＝　…
㉗ 9÷8＝　…
㉘ 48÷5＝　…
㉙ 19÷3＝　…
㉚ 26÷3＝　…
㉛ 4÷6＝　…
㉜ 35÷6＝　…
㉝ 12÷5＝　…
㉞ 57÷7＝　…
㉟ 13÷4＝　…
㊱ 26÷6＝　…
㊲ 19÷6＝　…
㊳ 3÷5＝　…
㊴ 56÷6＝　…
㊵ 15÷6＝　…
㊶ 38÷8＝　…
㊷ 4÷9＝　…
㊸ 17÷2＝　…
㊹ 46÷6＝　…
㊺ 3÷8＝　…
㊻ 45÷7＝　…
㊼ 19÷9＝　…
㊽ 7÷4＝　…
㊾ 22÷7＝　…
㊿ 38÷5＝　…
(51) 6÷5＝　…
(52) 39÷5＝　…
(53) 9÷5＝　…
(54) 29÷5＝　…
(55) 2÷8＝　…
(56) 18÷8＝　…
(57) 47÷7＝　…
(58) 8÷9＝　…
(59) 27÷7＝　…
(60) 28÷5＝　…
(61) 37÷8＝　…
(62) 27÷4＝　…
(63) 5÷8＝　…
(64) 33÷4＝　…
(65) 29÷8＝　…
(66) 43÷8＝　…
(67) 18÷4＝　…
(68) 31÷6＝　…
(69) 44÷7＝　…
(70) 6÷9＝　…
(71) 39÷8＝　…
(72) 36÷7＝　…
(73) 7÷8＝　…
(74) 41÷8＝　…
(75) 14÷6＝　…
(76) 46÷9＝　…
(77) 8÷5＝　…
(78) 33÷8＝　…
(79) 34÷6＝　…
(80) 43÷5＝　…

まちがいなおし

÷　＝　　÷　＝　　÷　＝　　÷　＝
÷　＝　　÷　＝　　÷　＝　　÷　＝
÷　＝　　÷　＝　　÷　＝　　÷　＝
÷　＝　　÷　＝　　÷　＝　　÷　＝

# わり算C型①（あまりがくり下がる）　名前（　　　　　　）

① 13÷7＝　…

② 23÷6＝　…

③ 61÷7＝　…

④ 43÷9＝　…

⑤ 40÷6＝　…

⑥ 10÷7＝　…

⑦ 80÷9＝　…

⑧ 21÷9＝　…

⑨ 35÷9＝　…

⑩ 55÷7＝　…

⑪ 30÷4＝　…

⑫ 11÷4＝　…

⑬ 25÷9＝　…

⑭ 14÷8＝　…

⑮ 33÷7＝　…

⑯ 53÷8＝　…

⑰ 10÷4＝　…

⑱ 12÷7＝　…

⑲ 22÷6＝　…

⑳ 51÷8＝　…

㉑ 63÷8＝　…

㉒ 30÷8＝　…

㉓ 11÷7＝　…

㉔ 31÷4＝　…

㉕ 32÷7＝　…

㉖ 52÷8＝　…

㉗ 10÷9＝　…

㉘ 70÷8＝　…

㉙ 21÷6＝　…

㉚ 42÷9＝　…

㉛ 62÷7＝　…

㉜ 20÷8＝　…

㉝ 11÷3＝　…

㉞ 24÷9＝　…

㉟ 51÷6＝　…

㊱ 54÷7＝　…

㊲ 20÷3＝　…

㊳ 11÷9＝　…

㊴ 16÷9＝　…

㊵ 34÷7＝　…

㊶ 53÷6＝　…

㊷ 20÷7＝　…

㊸ 12÷9＝　…

㊹ 23÷8＝　…

㊺ 41÷7＝　…

㊻ 52÷9＝　…

㊼ 10÷6＝　…

㊽ 60÷7＝　…

㊾ 15÷8＝　…

㊿ 52÷6＝　…

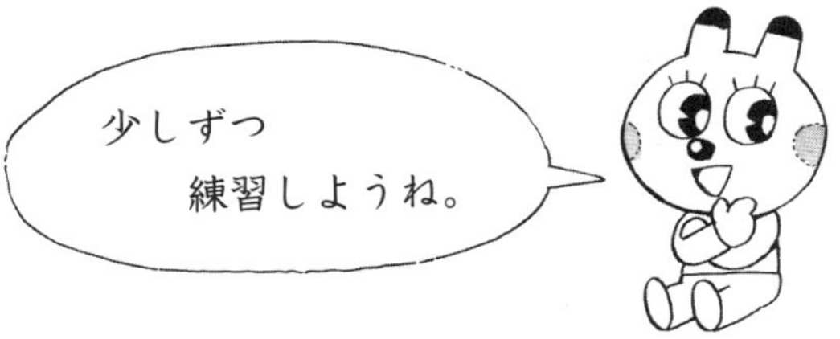

# わり算C型② （あまりがくり下がる）　名前（　　　　　）

① 10÷3＝　…

② 70÷9＝　…

③ 21÷8＝　…

④ 33÷9＝　…

⑤ 53÷7＝　…

⑥ 20÷9＝　…

⑦ 11÷6＝　…

⑧ 22÷9＝　…

⑨ 41÷6＝　…

⑩ 54÷8＝　…

⑪ 30÷9＝　…

⑫ 13÷8＝　…

⑬ 26÷9＝　…

⑭ 31÷8＝　…

⑮ 52÷7＝　…

⑯ 30÷7＝　…

⑰ 12÷8＝　…

⑱ 15÷9＝　…

⑲ 51÷7＝　…

⑳ 62÷8＝　…

㉑ 40÷7＝　…

㉒ 11÷8＝　…

㉓ 22÷8＝　…

㉔ 34÷9＝　…

㉕ 53÷9＝　…

㉖ 10÷8＝　…

㉗ 60÷8＝　…

㉘ 14÷9＝　…

㉙ 31÷9＝　…

㉚ 55÷8＝　…

㉛ 50÷6＝　…

㉜ 13÷9＝　…

㉝ 31÷7＝　…

㉞ 51÷9＝　…

㉟ 61÷8＝　…

㊱ 20÷6＝　…

㊲ 50÷8＝　…

㊳ 23÷9＝　…

㊴ 41÷9＝　…

㊵ 62÷9＝　…

㊶ 40÷9＝　…

㊷ 50÷7＝　…

㊸ 50÷9＝　…

㊹ 60÷9＝　…

㊺ 17÷9＝　…

㊻ 44÷9＝　…

㊼ 32÷9＝　…

㊽ 71÷8＝　…

㊾ 61÷9＝　…

㊿ 71÷9＝　…

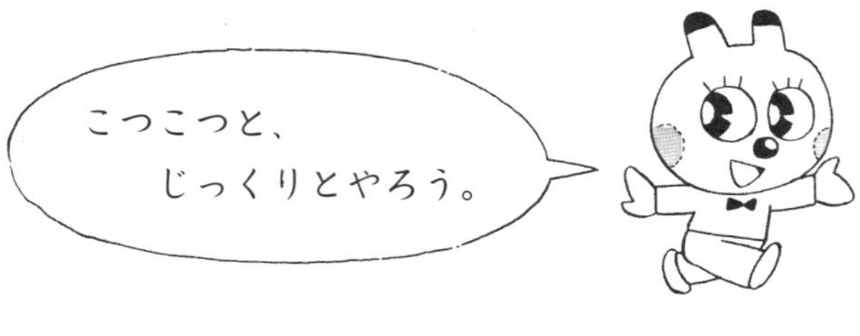

# わり算C型③（あまりがくり下がる）

名前（　　　　　　　　）

① 14÷9＝　…

② 62÷9＝　…

③ 13÷8＝　…

④ 33÷7＝　…

⑤ 61÷9＝　…

⑥ 10÷9＝　…

⑦ 52÷8＝　…

⑧ 71÷9＝　…

⑨ 43÷9＝　…

⑩ 54÷7＝　…

⑪ 52÷9＝　…

⑫ 21÷9＝　…

⑬ 26÷9＝　…

⑭ 52÷7＝　…

⑮ 50÷8＝　…

⑯ 15÷9＝　…

⑰ 15÷8＝　…

⑱ 14÷8＝　…

⑲ 17÷9＝　…

⑳ 51÷8＝　…

㉑ 63÷8＝　…

㉒ 71÷8＝　…

㉓ 12÷7＝　…

㉔ 53÷6＝　…

㉕ 30÷9＝　…

㉖ 55÷7＝　…

㉗ 20÷3＝　…

㉘ 62÷7＝　…

㉙ 52÷6＝　…

㉚ 21÷8＝　…

㉛ 41÷7＝　…

㉜ 53÷9＝　…

㉝ 31÷7＝　…

㉞ 70÷8＝　…

㉟ 50÷6＝　…

㊱ 34÷7＝　…

㊲ 53÷8＝　…

㊳ 61÷7＝　…

㊴ 22÷9＝　…

㊵ 31÷4＝　…

㊶ 80÷9＝　…

㊷ 51÷9＝　…

㊸ 32÷7＝　…

㊹ 10÷3＝　…

㊺ 22÷6＝　…

㊻ 50÷9＝　…

㊼ 13÷9＝　…

㊽ 10÷6＝　…

㊾ 70÷9＝　…

㊿ 54÷8＝　…

(51) 12÷8＝　…

(52) 23÷9＝　…

(53) 44÷9＝　…

(54) 30÷7＝　…

(55) 42÷9＝　…

(56) 16÷9＝　…

(57) 31÷8＝　…

(58) 51÷6＝　…

(59) 41÷9＝　…

(60) 25÷9＝　…

(61) 30÷8＝　…

(62) 20÷7＝　…

(63) 40÷9＝　…

(64) 10÷4＝　…

(65) 11÷9＝　…

(66) 61÷8＝　…

(67) 11÷3＝　…

(68) 23÷8＝　…

(69) 22÷8＝　…

(70) 32÷9＝　…

(71) 11÷7＝　…

(72) 20÷8＝　…

(73) 35÷9＝　…

(74) 41÷6＝　…

(75) 50÷7＝　…

(76) 40÷7＝　…

(77) 60÷7＝　…

(78) 23÷6＝　…

(79) 11÷4＝　…

(80) 10÷8＝　…

(81) 30÷4＝　…

(82) 11÷6＝　…

(83) 62÷8＝　…

(84) 20÷6＝　…

(85) 13÷7＝　…

(86) 51÷7＝　…

(87) 12÷9＝　…

(88) 11÷8＝　…

(89) 21÷6＝　…

(90) 55÷8＝　…

(91) 31÷9＝　…

(92) 60÷9＝　…

(93) 10÷7＝　…

(94) 20÷9＝　…

(95) 60÷8＝　…

(96) 33÷9＝　…

(97) 24÷9＝　…

(98) 40÷6＝　…

(99) 53÷7＝　…

(100) 34÷9＝　…

# 4. 3けたのたし算・ひき算

## むずかしい3けたの計算

「3けたがわかると子どもの認識の世界がかわる」といわれます。

なぜでしょうか。

1が10で10、10が10で100までの2けたの学習では、その場だけの認識で止まってしまうことがあります。

100を10集めれば、1000ということがわかれば、4けた、5けたになっても同じことがくり返されることが見通せます。3けたがわかることで、十進構造を一般化できるのです。

もう1つの理由は、2けたまでででは、たし算操作のすべてのタイプが出そろわないからです。3けたの計算になって、次の2つのことが出て、はじめてすべてのたし算のパターンがあらわれるのです。

① 中間の位が0になる場合

|  |  |
|---|---|
| 3 0 7 | 5 0 7 |
| ＋2 0 1 | ＋3 0 6 |

② 下の位がくり上がったために、上の位もくり上がる（くり上がり2回）

　5 7 9
＋2 2 7

3けたどうしの計算は、子どもにはひどくむずかしいのです。この計算をしくじる子が、計算ぎらいになっていく子です。

子どもがよく間違えるのは、ひき算です。

とくによく間違えるのが、ひかれる数に0のついている問題です。その中でも、2段くり下がりのある問題は、難物です。

402－179を子どもたちに解かせると、こんな答えがでてきます

| ⓐ | ⓑ | ⓒ |
|---|---|---|
| 4 0 2 | 4 0 2 | 4 0 2 |
| －1 7 9 | －1 7 9 | －1 7 9 |
| 3 8 1 | 3 7 7 | 3 3 7 |

| ⓓ | ⓔ | ⓕ |
|---|---|---|
| 4 0 2 | 4 0 2 | 4 0 2 |
| －1 7 9 | －1 7 9 | －1 7 9 |
| 2 3 7 | 2 2 3 | 2 4 3 |

| ⓖ |
|---|
| 4 0 2 |
| －1 7 9 |
| 2 3 3 |

ⓐ 一の位、十の位をたし算をして、百の位だけひき算。

ⓑ 一の位、十の位を大きな数からひき算している。

ⓒ 9－2で7。10－7で3。4－1で3。

ⓓ 一の位、十の位はcと同じ。百の位からかりてるので3－1で2。

ⓔ 正解です。

ⓕ 12－9で3。かりてきた1と10で11にして4としている。

ⓖ 12－9で3。10－3で3。3－1で2。

このミスをどう生かすかが大事です。子どもは、大人が考えつかないようなミスをします。でもそのミスには、必然性があるのです。どこをどうミスしたのかを話し合うことで、くり上がり、くり下がりの計算の規則をしっかりと理解していくのです。

・たし算 ── くり上がり1回　くり上がり2回　0のあるもの

・ひき算 ── くり下がり1回　くり下がり2回　0のあるもの

これらの問題に注目して、子どもたちのつまずきをチェックしていくことが大事です。

# たし算
## （くり上がりなし）

組

名前

つぎの計算をしましょう。

①　172 ＋ 806 ＝

②　235 ＋ 614 ＝

③　305 ＋ 241 ＝

④　748 ＋ 251 ＝

⑤　157 ＋ 620 ＝

⑥　765 ＋ 121 ＝

⑦　214 ＋ 523 ＝

⑧　243 ＋ 746 ＝

⑨　123 ＋ 645 ＝

⑩　546 ＋ 321 ＝

⑪　674 ＋ 321 ＝

⑫　415 ＋ 232 ＝

⑬　551 ＋ 437 ＝

⑭　484 ＋ 213 ＝

⑮　539 ＋ 210 ＝

⑯　203 ＋ 502 ＝

⑰　422 ＋ 365 ＝

⑱　234 ＋ 201 ＝

⑲　321 ＋ 604 ＝

⑳　523 ＋ 341 ＝

同じ位どうしをたし算しようね。

# たし算
## （くり上がり1回）

組

名前

つぎの計算をしましょう。

① 172 + 386

② 351 + 482

③ 412 + 493

④ 237 + 456

⑤ 120 + 385

⑥ 428 + 153

⑦ 312 + 394

⑧ 435 + 218

⑨ 608 + 205

⑩ 125 + 438

⑪ 416 + 359

⑫ 426 + 327

⑬ 137 + 247

⑭ 129 + 654

⑮ 754 + 238

⑯ 379 + 219

⑰ 180 + 649

⑱ 413 + 528

⑲ 482 + 395

⑳ 528 + 381

くり上がりがあるよ。

# たし算
## （くり上がり2回）

組

名前

つぎの計算をしましょう。

① 187 ＋ 523

② 362 ＋ 478

③ 587 ＋ 234

④ 369 ＋ 348

⑤ 497 ＋ 265

⑥ 298 ＋ 534

⑦ 498 ＋ 325

⑧ 543 ＋ 197

⑨ 419 ＋ 385

⑩ 309 ＋ 397

⑪ 429 ＋ 176

⑫ 693 ＋ 208

⑬ 109 ＋ 193

⑭ 597 ＋ 208

⑮ 179 ＋ 432

⑯ 269 ＋ 354

⑰ 227 ＋ 676

⑱ 385 ＋ 419

⑲ 268 ＋ 457

⑳ 118 ＋ 585

くり上がりが2回あるよ。

# ひき算
## （くり下がり１回）

組

名前

つぎの計算をしましょう。

① 128 − 72

② 118 − 36

③ 146 − 82

④ 107 − 21

⑤ 135 − 41

⑥ 108 − 53

⑦ 186 − 95

⑧ 130 − 70

⑨ 136 − 60

⑩ 148 − 29

⑪ 190 − 15

⑫ 176 − 67

⑬ 192 − 27

⑭ 154 − 27

⑮ 147 − 19

⑯ 168 − 97

⑰ 162 − 81

⑱ 135 − 94

⑲ 171 − 80

⑳ 154 − 82

どこにくり下がりがあるかな。

# ひき算
## （くり下がり2回）

| 組 |
| --- |
| 名前 |

つぎの計算をしましょう。

①
$$\begin{array}{r} 148 \\ -\ \ 59 \\ \hline \end{array}$$

②
$$\begin{array}{r} 170 \\ -\ \ 86 \\ \hline \end{array}$$

③
$$\begin{array}{r} 114 \\ -\ \ 98 \\ \hline \end{array}$$

④
$$\begin{array}{r} 110 \\ -\ \ 62 \\ \hline \end{array}$$

⑤
$$\begin{array}{r} 160 \\ -\ \ 73 \\ \hline \end{array}$$

⑥
$$\begin{array}{r} 113 \\ -\ \ 45 \\ \hline \end{array}$$

⑦
$$\begin{array}{r} 110 \\ -\ \ 36 \\ \hline \end{array}$$

⑧
$$\begin{array}{r} 145 \\ -\ \ 59 \\ \hline \end{array}$$

⑨
$$\begin{array}{r} 172 \\ -\ \ 83 \\ \hline \end{array}$$

⑩
$$\begin{array}{r} 180 \\ -\ \ 93 \\ \hline \end{array}$$

⑪
$$\begin{array}{r} 132 \\ -\ \ 48 \\ \hline \end{array}$$

⑫
$$\begin{array}{r} 124 \\ -\ \ 86 \\ \hline \end{array}$$

⑬
$$\begin{array}{r} 105 \\ -\ \ 16 \\ \hline \end{array}$$

⑭
$$\begin{array}{r} 103 \\ -\ \ 27 \\ \hline \end{array}$$

⑮
$$\begin{array}{r} 104 \\ -\ \ 75 \\ \hline \end{array}$$

⑯
$$\begin{array}{r} 101 \\ -\ \ 28 \\ \hline \end{array}$$

⑰
$$\begin{array}{r} 102 \\ -\ \ 34 \\ \hline \end{array}$$

⑱
$$\begin{array}{r} 103 \\ -\ \ 85 \\ \hline \end{array}$$

⑲
$$\begin{array}{r} 106 \\ -\ \ 68 \\ \hline \end{array}$$

⑳
$$\begin{array}{r} 102 \\ -\ \ 17 \\ \hline \end{array}$$

百の位から、かりるんだよ。

# ひき算
## （くり下がりなし）

組

名前

つぎの計算をしましょう。

① 797 − 320

② 546 − 241

③ 574 − 264

④ 897 − 132

⑤ 846 − 312

⑥ 794 − 593

⑦ 698 − 485

⑧ 939 − 624

⑨ 678 − 265

⑩ 297 − 173

⑪ 798 − 382

⑫ 706 − 402

⑬ 924 − 301

⑭ 798 − 623

⑮ 958 − 537

⑯ 479 − 248

⑰ 696 − 162

⑱ 698 − 263

⑲ 777 − 213

⑳ 638 − 501

3けたどうしのひき算だね。

# ひき算
## (くり下がり1回)

組

名前

つぎの計算をしましょう。

① 753 − 327

② 447 − 274

③ 829 − 649

④ 930 − 250

⑤ 877 − 395

⑥ 578 − 282

⑦ 905 − 381

⑧ 561 − 245

⑨ 818 − 523

⑩ 691 − 526

⑪ 636 − 441

⑫ 214 − 191

⑬ 556 − 272

⑭ 941 − 528

⑮ 615 − 153

⑯ 783 − 247

⑰ 571 − 418

⑱ 450 − 338

⑲ 843 − 625

⑳ 562 − 337

どこにくり下がりがあるかな。

# ひき算
## （くり下がり2回）

| | |
|---|---|
| | 組 |
| 名前 | |

つぎの計算をしましょう。

① 607 − 368 =

② 703 − 258 =

③ 633 − 136 =

④ 710 − 523 =

⑤ 641 − 254 =

⑥ 821 − 234 =

⑦ 802 − 246 =

⑧ 832 − 534 =

⑨ 927 − 348 =

⑩ 500 − 176 =

⑪ 820 − 541 =

⑫ 716 − 187 =

⑬ 804 − 419 =

⑭ 501 − 352 =

⑮ 702 − 579 =

⑯ 643 − 465 =

⑰ 700 − 461 =

⑱ 817 − 458 =

⑲ 302 − 193 =

⑳ 900 − 187 =

くり下がり２回だから、ちょっとむずかしいよ。

# 5．かけ算（×1けた ×2けた）

## 3年生の計算の要

3年生では、2年生の基本かけ算（九九）をもとにして、2けた×1けた、3けた×1けた、2けた×2けたと学習していきます。

2けた×1けたと2けた×2けたが計算のやり方の基礎になりますので、しっかり身につくまでくり返し練習することが大切です。

```
   6 7
×    4
------
 2 4 2 8
```

高学年になっても、67×4＝2428とする子がいます。4×6で24、4×7で28としたのです。60×4＝240という、十進数の概念が育っていないことを示しています。10が24で240だという、10を単位に数を考える力がまだ弱いのです。

67×4という2けた×1けたの計算は、60×4、7×4という2年生で学習した、「何十、何百のたし算」と九九ができれば解けるのです。

◎

```
    6 7
×     4
-------
  2 6 8
```

ステップ1

```
    6 7
×     4
-------
    2 8
  2 4 0
-------
  2 6 8
```

ステップ2

```
    6 7
×     4
-------
    2 8
  2 4
-------
  2 6 8
```

ステップ3

```
    6 7
×     4
-------
    2
  2 6 8
```

◎の形で計算ができるのが、最終目標です。

この目標に到達するために、ステップが必要です。計算に慣れていない子は、28の2と6×4の24の4はどちらも見えない数字です。どちらの数字も見えるようにする工夫が、ステップ1から3なのです。もう1つは、ステップ1で240と0を書くことです。60×4は、10が24あるという認識を持たせるための段階です。

2けた×2けたは、3年生の計算の要です。

```
      7 8
×     8 9
---------
    7 0 2
  6 2 4
---------
  6 9 4 2
```

ステップ1

```
      7 8
×     8 9
---------
      7 2
    6 3 0
    6 4 0
  5 6 0 0
---------
  6 9 4 2
```

ステップ2

```
      7 8
×     8 9
---------
      7
    7 0 2
    6
  6 2 4
---------
  6 9 4 2
```

ステップ3

```
      7 8
×     8 9
---------
    7 0 2
  6 2 4 0
---------
  6 9 4 2
```

上のようなステップをふんで、指導していくことが必要です。

結局2けたの計算は、78×9、78×8という、×1けたの組み合わせであることが分かればよいのです。位ごとにかけて、あとで加えるのです。

ステップ３では２段目に０を書いています。この０は書かないことを理解させます。10が４つという表し方だから、０は書かないのです。

２けたの計算は２階だてです。２つの計算が合体しています。そして２階だての計算は、階段のようになっていることに気づかせたいのです。

あと、０の入った問題をタイルなどの半具体物を通して、「十や百を単位にして考える」という抽象的思考で計算できるようにしておくことが、小数での計算にも生きてきます。

```
  36          36
 ×40   ➡   ×  40
―――――      ――――――
```

現在の学習指導要領では、かけ算は、２けた×２けたの計算が、一番むずかしい問題です。

計算の原理をきちんとつかませておきたいものです。

## 6. 10回かけ、わり算

10回かけ、わり算は、最初の数に２から９の数を順にかけていきます。最後に出た答えを、今度は２から９の順でわり算をしていきます。

どこか１個所でも間違えると、答えが出てきません。ですから集中して計算する必要があります。２から９の数字をかけたり、わったりするので、いろいろな位の計算練習ができます。

※けたが、上がって下がるエレベーターのようなので、エレベーター計算ともいいます。

```
        48
   ×     2
   -------
        96
   ×     3
   -------
       288
   ×     4
   -------
      1152
   ×     5
   -------
      5760
   ×     6
   -------
     34560
   ×     7
   -------
    241920
   ×     8
   -------
   1935360
   ×     9
   -------
  17418240
```

```
2 )17418240
   3 )8709120
   4 )2903040
     5 )725760
     6 )145152
       7 )24192
        8 )3456
         9 )432
             48
```

# かけ算
## (2けた×1けた)

組

名前

| | | | | |
|---|---|---|---|---|
| ① 31 × 2 | ② 23 × 2 | ③ 12 × 4 | ④ 34 × 2 | ⑤ 20 × 4 |
| ⑥ 83 × 2 | ⑦ 32 × 4 | ⑧ 61 × 7 | ⑨ 52 × 4 | ⑩ 71 × 6 |
| ⑪ 12 × 7 | ⑫ 27 × 3 | ⑬ 24 × 4 | ⑭ 18 × 5 | ⑮ 45 × 2 |
| ⑯ 46 × 8 | ⑰ 34 × 7 | ⑱ 63 × 6 | ⑲ 98 × 5 | ⑳ 27 × 6 |
| ㉑ 69 × 4 | ㉒ 54 × 9 | ㉓ 86 × 9 | ㉔ 37 × 4 | ㉕ 24 × 7 |

九九ができればOK。

# かけ算
## (2けた×1けた)

組

名前

| | | | | |
|---|---|---|---|---|
| ① 18 × 6 | ② 68 × 3 | ③ 79 × 4 | ④ 16 × 9 | ⑤ 79 × 7 |
| ⑥ 15 × 8 | ⑦ 38 × 3 | ⑧ 24 × 9 | ⑨ 44 × 7 | ⑩ 76 × 8 |
| ⑪ 12 × 9 | ⑫ 76 × 4 | ⑬ 49 × 9 | ⑭ 79 × 8 | ⑮ 35 × 9 |
| ⑯ 58 × 7 | ⑰ 37 × 9 | ⑱ 29 × 4 | ⑲ 85 × 6 | ⑳ 39 × 3 |
| ㉑ 46 × 7 | ㉒ 67 × 6 | ㉓ 45 × 7 | ㉔ 26 × 8 | ㉕ 84 × 6 |

くり上がった数をわすれないでね。

# かけ算
## (3けた×1けた)

組

名前

① 314 × 7

② 939 × 2

③ 747 × 2

④ 824 × 3

⑤ 718 × 5

⑥ 627 × 3

⑦ 571 × 8

⑧ 941 × 8

⑨ 631 × 6

⑩ 782 × 3

⑪ 271 × 6

⑫ 372 × 4

⑬ 746 × 8

⑭ 394 × 7

⑮ 983 × 7

⑯ 697 × 5

⑰ 937 × 4

⑱ 578 × 3

⑲ 257 × 6

⑳ 986 × 9

㉑ 356 × 7

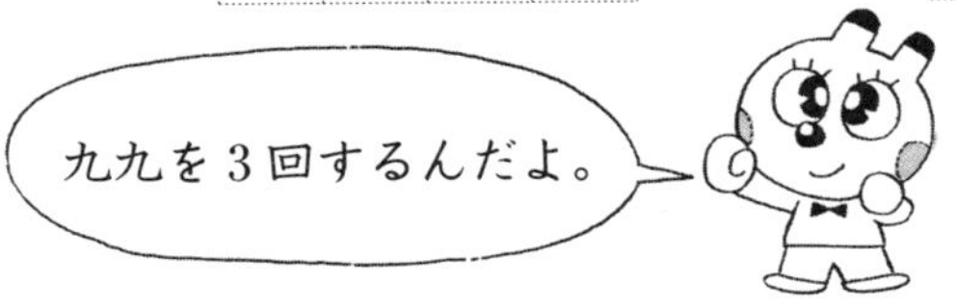

# かけ算
## （3けた×1けた）

組

名前

① $846 \times 9$

② $376 \times 7$

③ $788 \times 6$

④ $368 \times 8$

⑤ $967 \times 6$

⑥ $386 \times 7$

⑦ $566 \times 8$

⑧ $468 \times 6$

⑨ $477 \times 8$

⑩ $876 \times 4$

⑪ $968 \times 9$

⑫ $975 \times 4$

⑬ $769 \times 3$

⑭ $876 \times 4$

⑮ $467 \times 6$

⑯ $467 \times 3$

⑰ $287 \times 6$

⑱ $826 \times 8$

⑲ $379 \times 4$

⑳ $769 \times 6$

㉑ $569 \times 6$

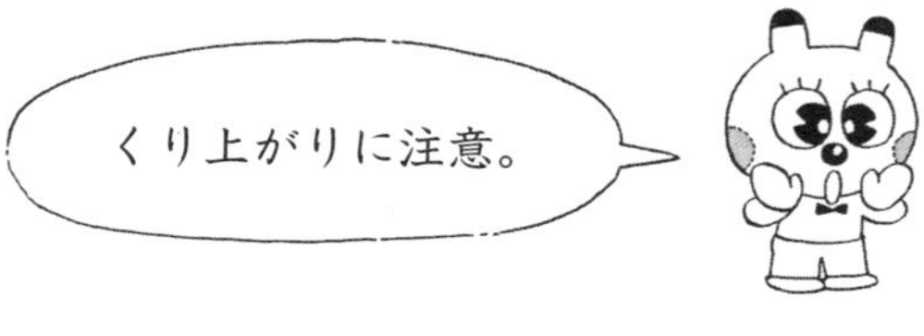

# かけ算
## （3けた×1けた）

組

名前

① 188 × 6

② 184 × 6

③ 776 × 8

④ 367 × 3

⑤ 746 × 7

⑥ 685 × 6

⑦ 835 × 6

⑧ 369 × 6

⑨ 158 × 9

⑩ 278 × 4

⑪ 143 × 6

⑫ 716 × 7

⑬ 487 × 9

⑭ 885 × 6

⑮ 456 × 7

⑯ 604 × 3

⑰ 905 × 4

⑱ 709 × 5

⑲ 460 × 9

⑳ 680 × 8

㉑ 760 × 7

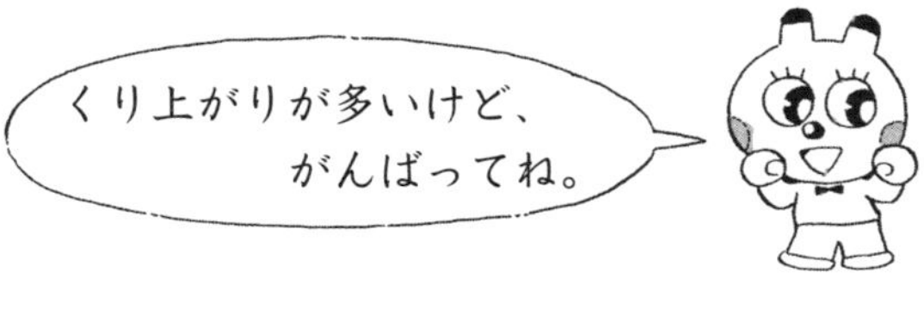

# かけ算
## (2けた×2けた)

組

名前

① 23 × 23

② 21 × 24

③ 12 × 42

④ 23 × 32

⑤ 21 × 43

⑥ 40 × 21

⑦ 19 × 24

⑧ 18 × 43

⑨ 25 × 32

⑩ 39 × 12

⑪ 16 × 63

⑫ 46 × 12

⑬ 26 × 23

⑭ 13 × 46

⑮ 37 × 21



答えを書く場所に気をつけよう。

# かけ算
## (2けた×2けた)

組

名前

① 86 × 83

② 46 × 48

③ 69 × 87

④ 64 × 63

⑤ 42 × 76

⑥ 94 × 43

⑦ 57 × 37

⑧ 39 × 54

⑨ 83 × 64

⑩ 72 × 85

⑪ 85 × 37

⑫ 94 × 75

⑬ 27 × 76

⑭ 53 × 97

⑮ 73 × 84

数字をていねいに書こうね。

# かけ算
## （2けた×2けた）

組

名前

①
```
  68
×89
```

②
```
  18
×78
```

③
```
  89
×79
```

④
```
  26
×48
```

⑤
```
  26
×84
```

⑥
```
  69
×83
```

⑦
```
  76
×78
```

⑧
```
  15
×79
```

⑨
```
  35
×69
```

⑩
```
  14
×98
```

⑪
```
  25
×98
```

⑫
```
  17
×78
```

⑬
```
  58
×98
```

⑭
```
  75
×84
```

⑮
```
  39
×38
```

練習のコツは、こつこつやることだよ。

# エレベーター計算
## （かけ算、わり算）

組

名前

上から下にむかって、左のかけ算をしましょう。そして、右のわり算をしましょう。

分　秒

56
× 2
× 3
× 4
× 5
× 6
× 7
× 8
× 9

2 )
3 )
4 )
5 )
6 )
7 )
8 )
9 )
56

# エレベーター計算
## （かけ算、わり算）

組

名前

2けたの数字を入れて左のかけ算をしましょう。つぎに右のわり算をしましょう。

分　　秒

×　2

×　3

×　4

×　5

×　6

×　7

×　8

×　9

2 )

3 )

4 )

5 )

6 )

7 )

8 )

9 )

# 算数の苦手な子への個別指導法
# ――私の場合

## 1.つまずいている箇所の発見

3年生で担任した河下君は、忘れ物があたり前になっていました。教科書、ノートはもちろんのこと、筆箱をみると、中には短い鉛筆が1本入っているだけです。その鉛筆も折れているのです。家庭学習はやってきません。忘れ物には、家庭のいろいろな問題があるので、そこから切り込むことはしませんでした。まずは学校でやれるところから、スタートすることにしました。

最初にしたことは、百ます計算のたし算です。1年生でならったことの復習です。クラスのほとんどの子は、百ます計算に燃えていて、学校でタイムをはかると、集中して取り組むようになりました。

河下君の様子をストップウオッチを持ちながらみていました。すると机の上にぐったりして、休憩しているのです。私はそれまでも、百ます計算の実践はやっていましたが、途中で休憩する子ははじめてでした。

百ます計算をするための力と体・心ができていなかったのです。放課後、河下君を呼んで、数字をノートに書かせてみました。10回続けて書かせたのですが、速い子なら40秒程度で書きます。遅くとも1分でできるはずです。河下君は、2分以上かかりました。数字を書く間も休憩しながらなのです。

書字能力が低いので、連絡帳を書くのも、クラスで一番遅いのです。鉛筆をすごく力

を入れて持っているので、疲れるのです。さらに集中してやる経験が、これまで少なかったことが、重なっています。

そこで河下君には、百ます計算を3分だけやらせました。全部をやるのはむずかしかったからです。まずは3分間、集中してやらせることからはじめたのです。またクラス全員に、斜体の数字の書き方を教えました。50ページにあるプリントを使用しました。

河下君には、個別に学校の隙間の時間に、数字を書く練習をしていきました。にぎり箸のようなもち方をしていた、鉛筆のもち方も指導し、最初に比べると軽く持てるようになってきました。少し鉛筆で字を書くと、手だけでなく腕も痛くなってくるようです。姿勢も悪く、机に寝そべって字を書きます。生活習慣もありますが、鉛筆のもち方が悪いので、寝そべらないと鉛筆の先が見えないのです。

## 2. 保護者との連携

家庭訪問では、3年生になったこの1カ

月間で良くなったことを話をしました。連絡帳を丁寧に書くようになったこと、百ます計算が時間内にできる問題数が増えてきたこと、などを伝えました。

家のほうでは、持ち物について見てほしいという旨を話しました。「時間がなくて、どうしてもゆっくりと関われないので、つい見のがしてしまうが、できるだけ気をつけて連絡帳を見ていきます」と、お母さんは話をしてくれました。

河下君が家で百ます計算をがんばった時には、連絡帳に書いて、ほめてもらうようにしていきました。

## 3．点検と指導

３分間と限定していた百ます計算も、少しずつやってくる量が増えてきました。家庭学習をした場合、点検と確認が必要です。家庭学習を出しっぱなししたり、教師が見ていかないと、子どもたちの力はなかなか伸びていきません。とくに、遅れ気味の子は点検を丁寧にしていかないと、いい加減になっていくことが多いのです。忘れてきた場合は、学校で必ずやらせることにします。プリントをなくす場合があるので、多めに印刷しておいて渡すようにしています。

河下君の百ます計算を見ていると、ほぼ同じ箇所を間違うのです。くり上がりやくり下がりが、ひっかかりやすいのです。河下君の間違いやすいところだけを抜き出して、プリントにしました。最初は、横算のプリントを作ったのですが、くり上がりになると間違いが多くなるので、筆算の形に変えてみました。筆算の方が、河下君にはわかりやすかったようです。

プリントの次は、間違いやすい問題を英単語用のカードに書き、カードをめくって、練習もしていきました。合格したカードにはシールをはると、河下君は俄然がんばりはじめました。

お母さんも家で見てくれるようになり、ほめられる日が増えました。連絡帳にも、家での取り組みの様子を書いてくれるようになりました。

## 4．お金を使ってのひき算

３年生の問題も放課後を使って練習させました。授業では、タイルを使ったりもしましたが、数だけのやり方をいくら教えても、なかなかのみこめませんでした。とくに、ひき算が苦手でした。タイルを使ってもその場かぎりで、頭に入りません。

そこで、本物のお金を使うことにしました。財布からお金を出すと河下君の顔つきがかわりました。

まずは、２年生の復習です。「1000より大きな数」の単元を復習させ、十進構造をまず確認しておきたかったのです。

机の上には色テープで一、十、百、千のそれぞれの位がはっきりと分かるように、仕切り線を作りました。まず2346円をおかせました。千の位のところに1000円札２枚、100円玉を３枚、10円玉を４枚、１円玉を６枚おきました。次は、3052円です。その次は、1006円も置かせました。空位のある数字にも挑戦させて、何も置かない位があることを実感させました。

いよいよ計算です。３けた－２けたの計算からはじめました。100円玉、10円玉、１円玉を用意。

702－46では、100円玉７枚と１円玉２枚を机の上に置きました。

$$\begin{array}{r} 702 \\ -\ \ 46 \\ \hline \end{array}$$

筆算がすらすらとやれるようになるには、一の位から答えを出していく尾頭法が、しっかりとできるようになっていなければなりません。

２から６はひけません。十の位から10をもらってこようとしてもできません。そこで、100円玉をくずすのです。100円を10円玉に取りかえ、10円硬貨を十の位にところに10枚置きます。その内の１枚だけを、１円玉10枚にかえました。

ひかれる数よりひく数が大きくて、そのままではひけない場合は、必ず大きなお金から、小さなお金に両替をする。

それから改めて計算にとりかかると、河下君もできました。12－6の計算は百ます計算で毎日やっています。12－6という計算もお金でしめすと、よりわかりやすかったようです。くり下がりの計算の方法もここで復習させました。

ひき算の苦手な子でも、両替法を何回か自分ひとりで考えながらやるように、次のような問題を出しました。700－197、800－403、600－９などの問題です。

河下君が帰りぎわ、「先生、お金を使ってやるとなんか頭に入りやすかった。おもしろかった。また、やろな」と言って、ノートをランドセルに入れていました。

両替法は、ひき算が苦手な子にとっては、お気にめす方法です。

## 5. 伸びを評価する

百ます計算をつづけていると、ある時ポンとタイムが速くなることがあります。なかなかタイムが速くならない子でも、ある時期になるとステップアップするのです。

まさに、量から質への転換です。氷から水に変わる時、０度で少しの間、温度が横ばいになります。ある時をすぎると、急に温度が上昇していくことに似ています。

なだらかな、坂のように伸びていくのでなく、階段をのぼるように、ステップアップしていきます。その伸びの度合いは、個人差があります。同じ状態がずっとつづく子がいます。でも練習をつんでいくと、ぐっと伸びる時が来るのです。

さらに基本たし算、ひき算とかけ算の練習は、子どもの知的能力と人格発達にかなり好影響を及ぼすと思います。何といっても、集中力が高まってきます。５分10分とつづけるのですから、持続力、根気もついてきます。それにでたらめな答えや、いい加減なやり方をしなくなり、最後までやりとげようという責任感のようなものも芽生えてきます。

教師は「どの子も伸びる」という信念をもって、その時まで、子どもをはげまし、適切な指導をしていくことが仕事だと思います。

# ⚜ 基礎計算の指標 ⚜

| | |
|---|---|
| 1 年 生 | ・百ます計算（たし算・ひき算）が最後までできる |
| 2 年 生 | ・かけ算九九がよどみなく言える<br>・位取り記数法の意味がわかる<br>・百ます計算（たし算・ひき算）<br>　熟達（とても速い→高い達成目標）２分以内<br>　習熟（速い→到達目標）３分以内<br>　習得（ふつう）４分以内<br>・百ます計算（かけ算）<br>　熟達　３分以内<br>　習熟　４分以内<br>　習得　５分以内 |
| 3 年 生 | ・わり算Ａ型Ｂ型Ｃ型が正しくできる<br>・わり算Ｃ型50問を10分以内にできる<br>・百ます計算（たし算・ひき算・かけ算）<br>　熟達　２分以内<br>　習熟　３分以内<br>　習得　４分以内 |

＊指標は１つのめやす

百ます計算を5000題、10000題と練習すると、タイムも速くなり、正確さも増します。

クラスで実践するとき、どの子もが一定のスピードでできてほしいと願います。その時、どれぐらいのスピードでできればよいかの、最終到達目標です。その学年の最後の目標と考えてください。

＊指標に合わせようと子どもを追い込まないこと

目標に到達させるために計算をするのではありません。練習の過程で速く、正確になるのです。

計算をさせる意義は、①数感覚をつける、②できたという自信をつける、③脳を活性化させる、の３つです。計算が速く正確になることで子どもの顔がいきいきとし、やる気が出てくるためにやるのです。計算マシーンをつくるのではありません。くれぐれも注意してください。こつは「こつこつ」です。無理をさせてはいけません。継続した指導の中で子どもは、伸びていきます。

＊友だちでなく、昨日の自分との競争

タイムや正確さが、昨日よりどれだけ伸びたかが、評価のポイントです。最初から速い子に追いつけない子もいるかもしれません。しかし、最初遅かった子は「伸び率」では、トップになれるのです。それだけの努力と伸びがあったのです。

## 基礎・基本「計算力」がつく本 小学校1・2・3年生版

## 基礎計算プリント解答

＊ます計算、エレベーター計算など、一部の解答は省略しています。

## 1年生

p14 (1)①5 ②5 ③3 ④5
(2)①4/1/3 ②5/3/2 ③3/2/1
(3)①2 ②1 ③4 ④1 ⑤2 ⑥4 ⑦3 ⑧3 ⑨0 ⑩2

p15 (1)①1 ②5 ③5 ④4 ⑤2 ⑥2 ⑦2 ⑧3 ⑨5 ⑩3 ⑪3 ⑫3 ⑬4 ⑭5 ⑮4 ⑯4 ⑰4 ⑱5 ⑲1 ⑳5
(2)①4 ②4 ③2 ④4 ⑤5 ⑥3 ⑦5 ⑧2 ⑨3 ⑩3 ⑪5 ⑫4 ⑬4 ⑭1 ⑮3 ⑯5 ⑰5 ⑱5 ⑲2 ⑳1
(3)①1/4/5 ②2/2/4

p16 (1)①5 ②1 ③2 ④2 ⑤1 ⑥4 ⑦0 ⑧1 ⑨1 ⑩0 ⑪3 ⑫4 ⑬0 ⑭0 ⑮1 ⑯2 ⑰3 ⑱3 ⑲2 ⑳0
(2)①1 ②0 ③3 ④5 ⑤2 ⑥0 ⑦3 ⑧1 ⑨0 ⑩4 ⑪3 ⑫1 ⑬4 ⑭0 ⑮1 ⑯2 ⑰0 ⑱1 ⑲2 ⑳2
(3)①5/1 ②4/2/2

p17 (1)①3 ②8
(2)①7 ②7/3 ③1/9 ④6/4 ⑤8/2

p18 (1)①6 ②4 ③9 ④3 ⑤2
(2)①7 ②8 ③5 ④3 ⑤6 ⑥1 ⑦3 ⑧10 ⑨6 ⑩5 ⑪6 ⑫7 ⑬4 ⑭2 ⑮3 ⑯10 ⑰4 ⑱6 ⑲5 ⑳2 ㉑2 ㉒9 ㉓1 ㉔10 ㉕7 ㉖9 ㉗2 ㉘7 ㉙4 ㉚8 ㉛5 ㉜10 ㉝3 ㉞7 ㉟4 ㊱8 ㊲1 ㊳9 ㊴8 ㊵1 ㊶3 ㊷6 ㊸2 ㊹1 ㊺9 ㊻4 ㊼5 ㊽8 ㊾9 ㊿10

p20 (1)①6 ②7 ③8 ④9 ⑤6 ⑥7 ⑦8 ⑧9 ⑨7 ⑩8 ⑪9 ⑫7 ⑬8 ⑭9 ⑮8 ⑯9 ⑰8 ⑱9 ⑲9 ⑳9 ㉑6 ㉒6 ㉓7 ㉔6 ㉕7 ㉖8
(2)①6 ②8 ③6 ④7 ⑤8 ⑥9 ⑦9 ⑧9 ⑨7 ⑩9 ⑪6 ⑫8

p21 (1)①4 ②3 ③2 ④1 ⑤5 ⑥5 ⑦5 ⑧5 ⑨1 ⑩2 ⑪3 ⑫6 ⑬7 ⑭1 ⑮2 ⑯1 ⑰8 ⑱6 ⑲7 ⑳6 ㉑4 ㉒3 ㉓4 ㉔2 ㉕3 ㉖4
(2)①4 ②2 ③3 ④1 ⑤3 ⑥1 ⑦1 ⑧2 ⑨2 ⑩1 ⑪2 ⑫1

p26 ①5 ②7 ③5 ④10 ⑤10 ⑥9 ⑦10 ⑧9 ⑨10 ⑩4 ⑪10 ⑫8 ⑬5 ⑭10 ⑮7 ⑯2 ⑰10 ⑱4 ⑲7 ⑳9 ㉑8 ㉒9 ㉓9 ㉔8 ㉕6 ㉖3 ㉗6 ㉘6 ㉙8 ㉚3 ㉛6 ㉜9 ㉝5 ㉞9 ㉟4 ㊱6 ㊲7 ㊳8 ㊴9 ㊵7 ㊶8 ㊷10 ㊸7 ㊹10 ㊺8

p27 ①13 ②14 ③13 ④11 ⑤10 ⑥12 ⑦14 ⑧13 ⑨14 ⑩13 ⑪12 ⑫12 ⑬14 ⑭11 ⑮14 ⑯15 ⑰15 ⑱18 ⑲15 ⑳15 ㉑16 ㉒16 ㉓16 ㉔17 ㉕17 ㉖10 ㉗11 ㉘11 ㉙10 ㉚12 ㉛13 ㉜11 ㉝10 ㉞10 ㉟10 ㊱11 ㊲10 ㊳11 ㊴10 ㊵12 ㊶13 ㊷10 ㊸11 ㊹12 ㊺12

p28 ①16 ②10 ③11 ④11 ⑤15 ⑥10 ⑦17 ⑧11 ⑨14 ⑩10 ⑪16 ⑫10 ⑬10 ⑭13 ⑮15 ⑯14 ⑰12 ⑱12 ⑲10 ⑳17 ㉑15 ㉒18 ㉓13 ㉔13 ㉕12 ㉖14 ㉗11 ㉘13 ㉙11 ㉚10 ㉛14 ㉜13 ㉝12 ㉞10 ㉟16 ㊱11 ㊲10 ㊳12 ㊴11 ㊵12 ㊶12 ㊷11 ㊸14 ㊹13 ㊺15

p29 (1)①15 ②15 ③16 ④10 ⑤14 ⑥14 ⑦10 ⑧11 ⑨11 ⑩10 ⑪12 ⑫14 ⑬16 ⑭14 ⑮13 ⑯17 ⑰11 ⑱18 ⑲17 ⑳12 ㉑12 ㉒12 ㉓16 ㉔14 ㉕10 ㉖15 ㉗12 ㉘10 ㉙13 ㉚10 ㉛12 ㉜10 ㉝12 ㉞11 ㉟10 ㊱10 ㊲13 ㊳13 ㊴13 ㊵15 ㊶11 ㊷11 ㊸11 ㊹13 ㊺11
(2)①16 ②15 ③11 ④15 ⑤14 ⑥16 ⑦17 ⑧15 ⑨18 ⑩12 ⑪10 ⑫12 ⑬13 ⑭13 ⑮17 ⑯10 ⑰11 ⑱14 ⑲12 ⑳16 ㉑10 ㉒12 ㉓12 ㉔14 ㉕10 ㉖12 ㉗10 ㉘11 ㉙14 ㉚10 ㉛10 ㉜10 ㉝12 ㉞15 ㉟13 ㊱10 ㊲11 ㊳11 ㊴13 ㊵11

㊶13 ㊷11 ㊸11 ㊹14 ㊺13

p30 ①7 ②11 ③6 ④11 ⑤16 ⑥14 ⑦5 ⑧13 ⑨10 ⑩9 ⑪12 ⑫16 ⑬11 ⑭10 ⑮9 ⑯13 ⑰12 ⑱6 ⑲13 ⑳6 ㉑13 ㉒10 ㉓9 ㉔15 ㉕1 ㉖3 ㉗6 ㉘8 ㉙11 ㉚4 ㉛3 ㉜9 ㉝0 ㉞9 ㉟9 ㊱12 ㊲8 ㊳17 ㊴4 ㊵11 ㊶8 ㊷9 ㊸7 ㊹12 ㊺9 ㊻14 ㊼11 ㊽18 ㊾8 ㊿6 (51)9 (52)11 (53)5 (54)5 (55)13 (56)6 (57)2 (58)4 (59)3 (60)5 (61)12 (62)7 (63)1 (64)8 (65)15 (66)10 (67)7 (68)2 (69)9 (70)2 (71)12 (72)10 (73)16 (74)10 (75)8 (76)4 (77)4 (78)15 (79)7 (80)8 (81)10 (82)5 (83)13 (84)14 (85)17 (86)10 (87)5 (88)14 (89)15 (90)8 (91)12 (92)7 (93)6 (94)3 (95)14 (96)7 (97)8 (98)7 (99)11 (100)10

p31 ①5 ②1 ③6 ④2 ⑤1 ⑥2 ⑦7 ⑧1 ⑨6 ⑩5 ⑪2 ⑫3 ⑬2 ⑭9 ⑮2 ⑯4 ⑰7 ⑱4 ⑲5 ⑳6 ㉑1 ㉒2 ㉓3 ㉔5 ㉕1 ㉖6 ㉗8 ㉘3 ㉙5 ㉚3 ㉛4 ㉜4 ㉝4 ㉞1 ㉟8 ㊱1 ㊲2 ㊳3 ㊴3 ㊵2 ㊶7 ㊷4 ㊸1 ㊹3 ㊺1

p32 ①5 ②6 ③6 ④6 ⑤7 ⑥5 ⑦8 ⑧7 ⑨8 ⑩5 ⑪6 ⑫9 ⑬7 ⑭5 ⑮9 ⑯8 ⑰9 ⑱9 ⑲7 ⑳9 ㉑8 ㉒6 ㉓8 ㉔7 ㉕2 ㉖3 ㉗8 ㉘4 ㉙9 ㉚4 ㉛8 ㉜3 ㉝9 ㉞4 ㉟9 ㊱7 ㊲2 ㊳9 ㊴5 ㊵3 ㊶7 ㊷6 ㊸8 ㊹4 ㊺1

p33 ①9 ②9 ③5 ④7 ⑤3 ⑥9 ⑦9 ⑧5 ⑨6 ⑩6 ⑪6 ⑫8 ⑬9 ⑭8 ⑮8 ⑯5 ⑰8 ⑱8 ⑲6 ⑳7 ㉑9 ㉒7 ㉓8 ㉔7 ㉕7 ㉖4 ㉗4 ㉘6 ㉙7 ㉚3 ㉛9 ㉜8 ㉝8 ㉞7 ㉟2 ㊱4 ㊲5 ㊳4 ㊴6 ㊵9 ㊶9 ㊷1 ㊸5 ㊹3 ㊺2

p34 (1)①7 ②5 ③8 ④9 ⑤2 ⑥6 ⑦3 ⑧8 ⑨1 ⑩9 ⑪4 ⑫5 ⑬9 ⑭9 ⑮9 ⑯4 ⑰5 ⑱5 ⑲9 ⑳5 ㉑7 ㉒7 ㉓8 ㉔6 ㉕7 ㉖8 ㉗9 ㉘8 ㉙8 ㉚4 ㉛6 ㉜3 ㉝7 ㉞9 ㉟9 ㊱4 ㊲6 ㊳2 ㊴8 ㊵6 ㊶6 ㊷3 ㊸7 ㊹7 ㊺8

(2)①8 ②7 ③6 ④4 ⑤9 ⑥8 ⑦9 ⑧3 ⑨2 ⑩5 ⑪5 ⑫4 ⑬9 ⑭7 ⑮8 ⑯9 ⑰6 ⑱9 ⑲7 ⑳7 ㉑5 ㉒9 ㉓5 ㉔5 ㉕8 ㉖7 ㉗4 ㉘6 ㉙8 ㉚ 3 ㉛8 ㉜9 ㉝9 ㉞3 ㉟8 ㊱6 ㊲6 ㊳9 ㊴7 ㊵8 ㊶6 ㊷4 ㊸7 ㊹2 ㊺1

p35 ①7 ②5 ③1 ④9 ⑤9 ⑥7 ⑦3 ⑧4 ⑨1 ⑩6 ⑪1 ⑫8 ⑬2 ⑭4 ⑮7 ⑯7 ⑰9 ⑱1 ⑲6 ⑳8 ㉑9 ㉒5 ㉓3 ㉔0 ㉕2 ㉖1 ㉗0 ㉘3 ㉙2 ㉚4 ㉛7 ㉜3 ㉝9 ㉞5 ㉟6 ㊱4 ㊲6 ㊳5 ㊴8 ㊵9 ㊶8 ㊷7 ㊸4 ㊹4 ㊺8 ㊻4 ㊼9 ㊽6 ㊾6 ㊿1 (51)1 (52)2 (53)2 (54)8 (55)6 (56)0 (57)3 (58)0 (59)0 (60)6 (61)8 (62)7 (63)9 (64)0 (65)7 (66)2 (67)2 (68)3 (69)9 (70)3 (71)5 (72)2 (73)5 (74)3 (75)6 (76)5 (77)4 (78)5 (79)8 (80)9 (81)4 (82)5 (83)2 (84)4 (85)7 (86)0 (87)0 (88)1 (89)6 (90)5 (91)0 (92)7 (93)0 (94)1 (95)8 (96)8 (97)3 (98)2 (99)1 (100)3

## 2年生

p53 ①68 ②89 ③29 ④48 ⑤46 ⑥58 ⑦35 ⑧77 ⑨29 ⑩59 ⑪76 ⑫69 ⑬78 ⑭87 ⑮37 ⑯28 ⑰58 ⑱44 ⑲83 ⑳68 ㉑47 ㉒79 ㉓19 ㉔38 ㉕18

p54 ①23 ②63 ③77 ④46 ⑤32 ⑥51 ⑦90 ⑧34 ⑨71 ⑩85 ⑪41 ⑫83 ⑬51 ⑭90 ⑮62 ⑯24 ⑰75⑱61 ⑲43 ⑳90 ㉑52 ㉒20 ㉓36 ㉔24 ㉕80

p55 ①88 ②92 ③94 ④31 ⑤71 ⑥71 ⑦93 ⑧74 ⑨60 ⑩71 ⑪83 ⑫90 ⑬81 ⑭31 ⑮81 ⑯62 ⑰78 ⑱66 ⑲81 ⑳47 ㉑51 ㉒42 ㉓95 ㉔52 ㉕90

p56 ①143 ②132 ③110 ④132 ⑤103 ⑥100 ⑦102 ⑧110 ⑨103 ⑩112 ⑪162 ⑫101 ⑬113 ⑭140 ⑮125 ⑯111 ⑰144 ⑱122 ⑲102 ⑳152

p57 ①12 ②40 ③94 ④52 ⑤20 ⑥30 ⑦66 ⑧71 ⑨31 ⑩51 ⑪53 ⑫41 ⑬14 ⑭94 ⑮70 ⑯21 ⑰61 ⑱81 ⑲63 ⑳22 ㉑30 ㉒81 ㉓96 ㉔80 ㉕72

p58 ①56 ②66 ③29 ④29 ⑤88 ⑥48 ⑦87 ⑧68 ⑨75 ⑩64 ⑪14 ⑫49 ⑬66 ⑭29 ⑮49 ⑯49 ⑰79 ⑱26 ⑲19 ⑳74 ㉑76 ㉒64 ㉓82 ㉔46 ㉕68

p59 ①26 ②31 ③27 ④55 ⑤11 ⑥33 ⑦10 ⑧41 ⑨63

⑩20 ⑪37 ⑫8 ⑬26 ⑭58 ⑮6 ⑯28⑰45 ⑱31
⑲9 ⑳37 ㉑6 ㉒8 ㉓28 ㉔37 ㉕28

p66 ①0 ②0 ③0 ④16 ⑤5 ⑥6 ⑦2 ⑧28 ⑨10 ⑩21
⑪15 ⑫27 ⑬6 ⑭36 ⑮18 ⑯0 ⑰4 ⑱2 ⑲32 ⑳7
㉑18 ㉒0 ㉓4 ㉔24 ㉕8 ㉖20 ㉗24 ㉘30 ㉙14 ㉚8
㉛1 ㉜3 ㉝4 ㉞25 ㉟8 ㊱20 ㊲10 ㊳9 ㊴12 ㊵5
㊶35 ㊷6 ㊸40 ㊹12 ㊺9 ㊻3 ㊼12 ㊽16 ㊾15
㊿45

p67 ①0 ②0 ③6 ④0 ⑤45 ⑥14 ⑦48 ⑧0 ⑨0 ⑩0
⑪42 ⑫54 ⑬0 ⑭9 ⑮54 ⑯56 ⑰63 ⑱8 ⑲12
⑳63 ㉑0 ㉒0 ㉓16 ㉔28 ㉕42 ㉖0 ㉗40 ㉘0
㉙18 ㉚36 ㉛7 ㉜56 ㉝18 ㉞24 ㉟24 ㊱49
㊲36 ㊳64 ㊴35 ㊵32 ㊶48 ㊷0 ㊸27 ㊹21
㊺30 ㊻72 ㊼72 ㊽0 ㊾81 ㊿0

p68 ①0 ②56 ③48 ④42 ⑤56 ⑥36 ⑦0 ⑧24 ⑨18
⑩7 ⑪48 ⑫21 ⑬40 ⑭0 ⑮56 ⑯42 ⑰0 ⑱64 ⑲0
⑳48 ㉑63 ㉒24 ㉓21 ㉔18 ㉕48 ㉖14 ㉗8 ㉘28
㉙63 ㉚8 ㉛64 ㉜72 ㉝49 ㉞28 ㉟30 ㊱40 ㊲6
㊳54 ㊴16 ㊵7 ㊶35 ㊷32 ㊸6 ㊹30 ㊺54 ㊻72
㊼36 ㊽35 ㊾42 ㊿49 (51)14 (52)32 (53)12 (54)56 (55)42
(56)24 (57)12 (58)16 (59)0 (60)24

p69 ①72 ②0 ③0 ④9 ⑤0 ⑥10 ⑦5 ⑧40 ⑨0 ⑩0
⑪0 ⑫1 ⑬12 ⑭9 ⑮10 ⑯12 ⑰18 ⑱6 ⑲0 ⑳8
㉑35 ㉒15 ㉓18 ㉔6 ㉕7 ㉖36 ㉗42 ㉘27 ㉙30
㉚24 ㉛14 ㉜28 ㉝36 ㉞35 ㉟9 ㊱0 ㊲54 ㊳0 ㊴0
㊵36 ㊶48 ㊷32 ㊸48 ㊹6 ㊺4 ㊻16 ㊼0 ㊽0 ㊾16
㊿2 (51)27 (52)16 (53)56 (54)24 (55)45 (56)0 (57)0 (58)2 (59)3
(60)14 (61)63 (62)24 (63)45 (64)12 (65)15 (66)0 (67)24 (68)0
(69) 32 (70)25 (71)56 (72)30 (73)0 (74)8 (75)40 (76)3 (77)18
(78)72 (79)12 (80)28 (81)63 (82)42 (83)20 (84)81 (85)0 (86)4
(87)64 (88)8 (89)5 (90)8 (91)4 (92)21 (93)6 (94)20 (95)54 (96)21
(97)0 (98)18 (99)49 (100)7

p75 ①540 ②6470 ③31050 ④729860

p76 ①61 ②273 ③8342 ④49051

## 3年生

p82 ①6 ②7 ③7 ④8 ⑤4 ⑥7 ⑦0 ⑧6 ⑨5 ⑩0 ⑪4
⑫0 ⑬0 ⑭8 ⑮6 ⑯3 ⑰5 ⑱6 ⑲3 ⑳9 ㉑1 ㉒5
㉓0 ㉔8 ㉕7 ㉖7 ㉗8 ㉘1 ㉙8 ㉚6 ㉛7 ㉜5 ㉝9
㉞7 ㉟9 ㊱6 ㊲0 ㊳2 ㊴9 ㊵1 ㊶8 ㊷1 ㊸1 ㊹2
㊺5 ㊻8 ㊼4 ㊽7 ㊾9 ㊿3

p83 ①4 ②7 ③7 ④9 ⑤6 ⑥1 ⑦3 ⑧5 ⑨3 ⑩0 ⑪9
⑫1 ⑬2 ⑭7 ⑮2 ⑯8 ⑰9 ⑱5 ⑲3 ⑳2 ㉑1 ㉒4
㉓3 ㉔2 ㉕4 ㉖9 ㉗4 ㉘2 ㉙9 ㉚5 ㉛3 ㉜2 ㉝8
㉞4 ㉟4 ㊱1 ㊲0 ㊳4 ㊴6 ㊵3 ㊶0 ㊷6 ㊸8 ㊹7
㊺7 ㊻1 ㊼6 ㊽6 ㊾2 ㊿5

p84 ①6 ②4 ③5 ④0 ⑤8 ⑥2 ⑦2 ⑧1 ⑨5 ⑩6 ⑪6
⑫8 ⑬6 ⑭4 ⑮6 ⑯3 ⑰8 ⑱6 ⑲5 ⑳9 ㉑5 ㉒4
㉓9 ㉔1 ㉕4 ㉖7 ㉗7 ㉘0 ㉙2 ㉚9 ㉛1 ㉜4 ㉝8
㉞9 ㉟0 ㊱3 ㊲7 ㊳6 ㊴7 ㊵1 ㊶0 ㊷6 ㊸3 ㊹0
㊺4 ㊻3 ㊼4 ㊽1 ㊾2 ㊿7 (51)7 (52)0 (53)4 (54)7 (55)5
(56)4 (57)7 (58)6 (59)7 (60)2 (61)0 (62)7 (63)2 (64)7 (65)3 (66)9
(67)3 (68)9 (69)8 (70)2 (71)2 (72)1 (73)8 (74)5 (75)9 (76)8 (77)6
(78)0 (79)2 (80)3 (81)3 (82)8 (83)7 (84)9 (85)4 (86)6 (87)1 (88)5
(89)9 (90)5 (91)1 (92)5 (93)1 (94)7 (95)9 (96)8 (97)0 (98)1 (99)8
(100)3

p85 ①8 ②4 ③5 ④9 ⑤9 ⑥2 ⑦4 ⑧9 ⑨2 ⑩9 ⑪3
⑫7 ⑬4 ⑭2 ⑮6 ⑯5 ⑰6 ⑱8 ⑲6 ⑳6 ㉑3 ㉒5
㉓3 ㉔9 ㉕4 ㉖4 ㉗3 ㉘6 ㉙6 ㉚9 ㉛2 ㉜2 ㉝6
㉞6 ㉟8 ㊱2 ㊲7 ㊳8 ㊴3 ㊵7 ㊶7 ㊷8 ㊸3 ㊹8
㊺5 ㊻3 ㊼8 ㊽8 ㊾7 ㊿4 (51)5 (52)5 (53)7 (54)7 (55)9
(56)2 (57)5 (58)7 (59)5 (60)9

p89 ①8 ②4 ③8 ④4 ⑤6 ⑥2 ⑦7 ⑧6 ⑨6 ⑩1 ⑪2
⑫7 ⑬0 ⑭5 ⑮9 ⑯6 ⑰9 ⑱1 ⑲4 ⑳0 ㉑2 ㉒6
㉓1 ㉔5 ㉕6 ㉖1 ㉗7 ㉘9 ㉙7 ㉚1 ㉛0 ㉜5 ㉝1
㉞7 ㉟3 ㊱4 ㊲6 ㊳7 ㊴7 ㊵6 ㊶8 ㊷8 ㊸2 ㊹2
㊺6 ㊻2 ㊼6 ㊽4 ㊾3 ㊿4 (51)9 (52)7 (53)3 (54)8 (55)3
(56)6 (57)0 (58)1 (59)5 (60)0 (61)0 (62)0 (63)2 (64)0 (65)3 (66)6
(67)4 (68)4 (69)5 (70)2 (71)5 (72)7 (73)3 (74)2 (75)4 (76)1 (77)0
(78)8 (79)3 (80)5 (81)9 (82)5 (83)5 (84)8 (85)3 (86)8 (87)1 (88)8

(89)3 (90)8 (91)3 (92)9 (93)9 (94)7 (95)7 (96)8 (97)9 (98)9 (99)9
(100)3

p90 ①4…4 ②9…5 ③6…2 ④0…1 ⑤6…6 ⑥9…6
⑦5…1 ⑧9…3 ⑨5…5 ⑩9…2 ⑪9…1 ⑫0…1
⑬9…4 ⑭4…4 ⑮9…5 ⑯0…5 ⑰6…5 ⑱0…2
⑲4…1 ⑳7…1 ㉑9…8 ㉒5…2 ㉓8…4 ㉔9…1
㉕2…1 ㉖8…7 ㉗8…2 ㉘0…3 ㉙6…4 ㉚5…2
㉛1…3 ㉜9…2 ㉝0…6 ㉞6…2 ㉟2…3 ㊱8…1
㊲6…3 ㊳0…1 ㊴3…5 ㊵6…2 ㊶1…2 ㊷8…4
㊸0…5 ㊹9…3 ㊺6…1 ㊻5…4 ㊼4…3 ㊽4…1
㊾8…1 ㊿4…3 (51)8…2 (52)2…1 (53)4…2 (54)3…2
(55)3…1 (56)6…1 (57)3…3 (58)0…2 (59)3…4 (60)0…7
(61)9…2 (62)2…4 (63)4…5 (64)3…2 (65)6…2 (66)0…3
(67)2…3 (68)0…4 (69)4…2 (70)9…2 (71)1…1 (72)4…1
(73)8…6 (74)7…1 (75)5…7 (76)9…6 (77)2…5 (78)8…5
(79)1…2 (80)3…4 (81)9…4 (82)1…1 (83)6…3 (84)5…2
(85)9…1 (86)7…1 (87)0…2 (88)8…2 (89)7…2 (90)3…2

p91 ①5…3 ②6…1 ③9…1 ④1…2 ⑤8…3 ⑥1…1
⑦8…2 ⑧0…1 ⑨9…7 ⑩2…5 ⑪9…3 ⑫6…1
⑬0…2 ⑭5…3 ⑮2…4 ⑯7…2 ⑰0…1 ⑱9…5
⑲8…3 ⑳1…2 ㉑6…3 ㉒4…3 ㉓6…1 ㉔7…1
㉕0…6 ㉖5…1 ㉗6…1 ㉘0…3 ㉙7…5 ㉚2…1
㉛7…1 ㉜4…3 ㉝9…1 ㉞0…4 ㉟4…1 ㊱2…1
㊲2…1 ㊳9…1 ㊴0…1 ㊵3…4 ㊶5…2 ㊷2…4
㊸3…2 ㊹7…3 ㊺0…5 ㊻4…1 ㊼9…3 ㊽2…1
㊾6…4 ㊿6…1 (51)4…4 (52)0…4 (53)3…3 (54)3…3
(55)1…2 (56)9…7 (57)3…1 (58)0…2 (59)9…5 (60)2…2
(61)8…5 (62)1…1 (63)7…2 (64)8…3 (65)0…3 (66)8…1
(67)9…2 (68)5…1 (69)5…2 (70)2…1 (71)4…2 (72)2…3
(73)5…6 (74)2…2 (75)9…1 (76)5…3 (77)8…4 (78)8…3
(79)4…1 (80)9…6 (81)5…1 (82)5…3 (83)9…3 (84)5…2
(85)5…2 (86)9…1 (87)8…1 (88)9…2 (89)8…1 (90)5…4

p92 ①9…4 ②7…5 ③4…1 ④7…4 ⑤4…2 ⑥7…1
⑦7…6 ⑧0…2 ⑨5…4 ⑩8…2 ⑪0…1 ⑫3…3
⑬9…4 ⑭7…1 ⑮6…4 ⑯7…2 ⑰0…1 ⑱9…4
⑲7…3 ⑳3…2 ㉑7…3 ㉒3…1 ㉓3…1 ㉔1…1
㉕7…2 ㉖4…3 ㉗1…1 ㉘9…3 ㉙6…1 ㉚8…2
㉛0…4 ㉜5…5 ㉝2…2 ㉞8…1 ㉟3…1 ㊱4…2
㊲3…1 ㊳0…3 ㊴9…2 ㊵2…3 ㊶4…6 ㊷0…4
㊸8…1 ㊹7…4 ㊺0…3 ㊻6…3 ㊼2…1 ㊽1…3
㊾3…1 ㊿7…3 (51)1…1 (52)7…4 (53)1…4 (54)5…4
(55)0…2 (56)2…2 (57)6…5 (58)0…8 (59)3…6 (60)5…3
(61)4…5 (62)6…3 (63)0…5 (64)8…1 (65)3…5 (66)5…3
(67)4…2 (68)5…1 (69)6…2 (70)0…6 (71)4…7 (72)5…1
(73)0…7 (74)5…1 (75)2…2 (76)5…1 (77)1…3 (78)4…1
(79)5…4 (80)8…3

p93 ①1…6 ②3…5 ③8…5 ④4…7 ⑤6…4 ⑥1…3
⑦8…8 ⑧2…3 ⑨3…8 ⑩7…6 ⑪7…2 ⑫2…3
⑬2…7 ⑭1…6 ⑮4…5 ⑯6…5 ⑰2…2 ⑱1…5
⑲3…4 ⑳6…3 ㉑7…7 ㉒3…6 ㉓1…4 ㉔7…3
㉕4…4 ㉖6…4 ㉗1…1 ㉘8…6 ㉙3…3 ㉚4…6
㉛8…6 ㉜2…4 ㉝3…2 ㉞2…6 ㉟8…3 ㊱7 …5
㊲6…2 ㊳1…2 ㊴1…7 ㊵4…6 ㊶8…5 ㊷2…6
㊸1…3 ㊹2…7 ㊺5…6 ㊻5…7 ㊼1…4 ㊽8…4
㊾1…7 ㊿8…4

p94 ①3…1 ②7…7 ③2…5 ④3…6 ⑤7…4 ⑥2…2
⑦1…5 ⑧2…4 ⑨6…5 ⑩6…6 ⑪3…3 ⑫1…5
⑬2…8 ⑭3…7 ⑮7…3 ⑯4…2 ⑰1…4 ⑱1…6
⑲7…2 ⑳7…6 ㉑5…5 ㉒1…3 ㉓2…6 ㉔3…7
㉕5…8 ㉖1…2 ㉗7…4 ㉘1…5 ㉙3…4 ㉚6…7
㉛8…2 ㉜1…4 ㉝4…3 ㉞5…6 ㉟7…5 ㊱3…2
㊲6…2 ㊳2…5 ㊴4…5 ㊵6…8 ㊶4…4 ㊷7…1
㊸5…5 ㊹6…6 ㊺1…8 ㊻4…8 ㊼3…5 ㊽8…7
㊾6…7 ㊿7…8

p95 ①1…5 ②6…8 ③1…5 ④4…5 ⑤6…7 ⑥1…1
⑦6…4 ⑧7…8 ⑨4…7 ⑩7…5 ⑪5…7 ⑫2…3
⑬2…8 ⑭7…3 ⑮6…2 ⑯1…6 ⑰1…7 ⑱1…6
⑲1…8 ⑳6…3 ㉑7…7 ㉒8…7 ㉓1…5 ㉔8…5
㉕3…3 ㉖7…6 ㉗6…2 ㉘8…6 ㉙8…4 ㉚2…5
㉛5…6 ㉜5…8 ㉝4…3 ㉞8…6 ㉟8…2 ㊱4…6
㊲6…5 ㊳8…5 ㊴2…4 ㊵7…3 ㊶8…8 ㊷5…6
㊸4…4 ㊹3…1 ㊺3…4 ㊻5…5 ㊼1…4 ㊽1…4
㊾7…7 ㊿6…6 (51)1…4 (52)2…5 (53)4…8 (54)4…2
(55)4…6 (56)1…7 (57)3…7 (58)8…3 (59)4…5 (60)2…7

(61)3…6 (62)2…6 (63)4…4 (64)2…2 (65)1…2 (66)7…5
(67)3…2 (68)2…7 (69)2…6 (70)3…5 (71)1…4 (72)2…4
(73)3…8 (74)6…5 (75)7…1 (76)5…5 (77)8…4 (78)3…5
(79)2…3 (80)1…2 (81)7…2 (82)1…5 (83)7…6 (84)3…2
(85)1…6 (86)7…2 (87)1…3 (88)1…3 (89)3…3 (90)6…7
(91)3…4 (92)6…6 (93)1…3 (94)2…2 (95)7…4 (96)3…6
(97)2…6 (98)6…4 (99)7…4 (100)3…7

p97 ①978 ②849 ③546 ④999 ⑤777 ⑥886 ⑦737
⑧989 ⑨768 ⑩867 ⑪995 ⑫647 ⑬988 ⑭697
⑮749 ⑯705 ⑰787 ⑱435 ⑲925 ⑳864

p98 ①558 ②833 ③905 ④693 ⑤505 ⑥581 ⑦706
⑧653 ⑨813 ⑩563 ⑪775 ⑫753 ⑬384 ⑭783
⑮992⑯598 ⑰829 ⑱941 ⑲877 ⑳909

p99 ①710 ②840 ③821 ④717 ⑤762 ⑥832 ⑦823
⑧740 ⑨804 ⑩706 ⑪605 ⑫901 ⑬302 ⑭805
⑮611⑯623 ⑰903 ⑱804 ⑲725 ⑳703

p100 ①56 ②82 ③64 ④86 ⑤94 ⑥55 ⑦91 ⑧60 ⑨76
⑩119 ⑪175 ⑫109 ⑬165 ⑭127 ⑮128 ⑯ 71
⑰81 ⑱41 ⑲91 ⑳72

p101 ①89 ②84 ③16 ④48 ⑤87 ⑥68 ⑦74 ⑧86 ⑨89
⑩87 ⑪84 ⑫38 ⑬89 ⑭76 ⑮29 ⑯73 ⑰68 ⑱18
⑲38 ⑳85

p102 ①477 ②305 ③310 ④765 ⑤534 ⑥201 ⑦213
⑧315 ⑨413 ⑩124 ⑪416 ⑫304 ⑬623 ⑭175
⑮421 ⑯231 ⑰534 ⑱435 ⑲564 ⑳137

p103 ①426 ②173 ③180 ④680 ⑤482 ⑥296 ⑦524
⑧316 ⑨295 ⑩165 ⑪195 ⑫23 ⑬284 ⑭413
⑮462 ⑯536 ⑰153 ⑱112 ⑲218 ⑳225

p104 ①239 ②445 ③497 ④187 ⑤387 ⑥587 ⑦556
⑧298 ⑨579 ⑩324 ⑪279 ⑫529 ⑬385 ⑭149
⑮123 ⑯178 ⑰239 ⑱359 ⑲109 ⑳713

p107 ①62 ②46 ③48 ④68 ⑤80 ⑥166 ⑦128 ⑧427
⑨208 ⑩426 ⑪84 ⑫81 ⑬96 ⑭90 ⑮90 ⑯368
⑰238 ⑱378 ⑲490 ⑳162 ㉑276 ㉒486 ㉓774
㉔148 ㉕168

p108 ①108 ②204 ③316 ④144 ⑤553 ⑥120 ⑦114
⑧216 ⑨308 ⑩608 ⑪108 ⑫304 ⑬441 ⑭532
⑮315 ⑯406 ⑰333 ⑱116 ⑲510 ⑳117 ㉑322
㉒402 ㉓315 ㉔208 ㉕504

p109 ①2198 ②1878 ③1494 ④2472 ⑤3590 ⑥1881
⑦4568 ⑧7528 ⑨3786 ⑩2346 ⑪1626 ⑫1488
⑬5968 ⑭2758 ⑮6881 ⑯3485 ⑰3748 ⑱1734
⑲1542 ⑳8874 ㉑2492

p110 ①7614 ②2632 ③4728 ④2944 ⑤5802 ⑥2702
⑦4528 ⑧2808 ⑨3816 ⑩3504 ⑪8712 ⑫3900
⑬2307 ⑭3504 ⑮2802 ⑯1401 ⑰1722 ⑱6608
⑲1516 ⑳4614 ㉑3414

p111 ①1128 ②1104 ③6208 ④1101 ⑤5222 ⑥4110
⑦5010 ⑧2214 ⑨1422 ⑩1112 ⑪858 ⑫5012
⑬4383 ⑭5310 ⑮3192 ⑯1812 ⑰3620 ⑱3545
⑲4140 ⑳5440 ㉑5320

p112 ①529 ②504 ③504 ④736 ⑤903 ⑥840 ⑦456
⑧774 ⑨800 ⑩468 ⑪1008 ⑫552 ⑬598 ⑭598
⑮777

p113 ①7138 ②2208 ③6003 ④4032 ⑤3192 ⑥4042
⑦2109 ⑧2106 ⑨5312 ⑩6120 ⑪3145 ⑫7050
⑬2052 ⑭5141 ⑮6132

p114 ①6052 ②1404 ③7031 ④1248 ⑤2184 ⑥5727
⑦5928 ⑧1185 ⑨2415 ⑩1372 ⑪2450 ⑫1326
⑬5684 ⑭6300 ⑮1482

# 『1・2・3年生版』あとがき

算数の教科書の「かけ算指導」について調べたことがあります。

次のように教える時期、内容が変遷してきています。

| | |
|---|---|
| 1949年<br>（昭和24年） | ２年生　２学期に九九の２、５、３、６、４、８、７、９の段<br>３年生　簡単な復習 |
| 1960年<br>（昭和35年） | ２年生　３月に九九の２、５の段<br>３年生　４月に九九の２、５の段の復習と３、４の段<br>５月に九九の６、７、８の段 |
| 1967年<br>（昭和42年） | ２年生　３学期に九九の５、２、３、４の段<br>３年生　１学期に九九の６、７、８、９の段 |
| 1971年<br>（昭和46年） | ２年生　下巻で九九の５、２、３、４、６、７、８、９の段<br>３年生　かけ算九九の表 |

1971年の学習指導要領の改訂で，かなり内容がむずかしくなりました。その後は、改訂のたびに計算については、内容が減ってきました。その中で、かけ算の指導だけは、現在もそのままです。

2002年からは、計算の内容のレベルダウンがみられます。さらに「電卓でやればいい」という考え方も広まっています。しかし、小学校での基礎教科である算数には、十分に時間をかけ、徹底して教え、習熟させる必要があると思います。

なかでも計算は、算数のなかで「要」となります。小学校、特に１、２、３年生でこれだけの計算力はつけてほしいという願いをこめて、本書を書きました。理解できていない部分については、学年をさかのぼって指導をすることが重要です。どの子にも伸びる力があるし、伸ばしていかなければなりません。

なお本書では、百ます計算の指導法と有効性について、折にふれて述べてきました。基礎的なたし算、ひき算、かけ算は、算数の学習の基礎です。正確に、遅くないスピードで計算する力をつける必要があります。

最初は計算カードなどで練習しますが、慣れてきたらプリントでの練習が多いようです。プリントは同じ問題だと練習にならないので、問題を入れ替えますが、これが大変です。

ここで有効なのが、百ます計算です。たて11×横11のわくがあれば、数字を入れ替えればすぐに作れます。横算の式だと、100題だとＢ４の用紙が必要ですが、百ます計算だとＢ４では４つ作れます。そうかといって、百ます計算が絶対ではありません。プリントを使って実践する方法もあります。それはクラスの実態に合わせて使用していってください。

百ます計算を実施するときの注意事項は、２つあります。

1．ゆっくりでいいから、横算の式で問題が９割以上ができるようになっている。

2．９ます、25ますから練習を積み、たて・横の数字を見て、答えが出せるようになっている。

この２つの条件が整ってから、より正確に速くできるように習熟させる方法として、百ます計算は有効です。この２つの条件が整っていないのに、いきなり百ます計算をやらせると、苦痛が先にきて、逆の結果となってしまう可能性があることを、申しそえておきます。

私は今年で、教職26年目になります。その中で「とてもすてきな人」との出会いがあります。なにより、師匠と仰げる人と出会えたことが、私の人生を豊かにしてくれました。その延長線上で、本書も出版することができました。

「計算」の力など、基礎学力の指導はもとより、教師としてスタートしてから、ずっと指導していただいている岸本裕史先生。百ます計算の生みの親、［学力研］のリーダーです。

私の「計算」の取り組みを、高文研より本にするチャンスを与えていただいたのが、日本群読教育の会の家本芳郎先生です。家本先生には、神戸で「群読講座」を開いた時に、毎年１回、３年間にわたって指導していただいたことがご縁でした。学級づくり、群読や教師の生き方について、多くのご教示をいただいております。

さらに家族、職場、サークルでの仲間など、私を支えてくださっているすべての方に、感謝の気持ちでいっぱいです。

さまざまな方がたにお世話になりながら、出版することができました。本当にありがとうございました。

さあ、これで『１・２・３年生版』は終了です。四則計算の完成をめざして、『４・５・６年生版』へ進みましょう。

2003年１月15日

**深沢　英雄**

**深沢 英雄**（ふかざわ・ひでお）

1955年、兵庫県神戸市に生まれる。
1977年、香川大学を卒業後、1年間神戸市立有馬中学校に勤務。その後、神戸市立唐櫃小学校を皮切りに同北野小学校、同福住小学校、同北五葉小学校をへて、2001年より神戸市立横尾小学校に勤務。
「学力の基礎をきたえどの子も伸ばす研究会（学力研）」常任委員。

著書
「読みの力を確実につける」（明治図書）
「算数習熟プリント」2年（清風堂書店）
共著
「小学校学級担任アイデアブック5、6年」（民衆社）
「わり算習熟プリント」（清風堂書店）
「総合学習と学力づくり」（清風堂書店）

本文イラスト＝広 中 建 次
装丁＝商業デザインセンター・松 田 礼 一

基礎・基本「計算力」がつく本
小学校1・2・3年生版

●2003年 4 月 1 日――――――第 1 刷発行
●2004年 6 月30日――――――第 2 刷発行

著　者／深 沢 英 雄
発行所／株式会社 高 文 研
東京都千代田区猿楽町2-1-8（〒101-0064）
TEL 03(3295)3415
振替 00160-6-18956
http://www.koubunken.co.jp

印刷・製本／三省堂印刷株式会社

✽万一、乱丁・落丁があったときは、送料当方負担でお取りかえいたします。

ISBN4-87498-297-2 C0037